Gebratene Heuschrecken

Ekel-Faktor

Heuschrecken und die mit ihnen verwandten Grillen und Zikaden gehören zu den leckersten Insekten der Welt. Sie sind recht groß, voller Eiweiß und es gibt Millionen von ihnen.

Gängige Kost

In Asien und in Teilen Amerikas und Afrikas sind Heuschrecken verbreitete Nahrungsmittel. Mit etwas Salz gebraten oder geröstet, werden sie als Snack zu einem Getränk gegessen. In Australien gibt es sogar ein ganzes Rezeptbuch nur über die Zubereitung von Heuschrecken.

Nichts Neues

Heuschrecken-Mahlzeiten sind nichts Neues. Schon der griechische Philosoph Aristoteles aß gern Zikaden.

Tipp

Vorm Verzehr der Heuschrecke solltest du die Flügel und die langen Beine entfernen.

So ein Haufen gebratener Heuschrecken deckt deinen Eiweißbedarf.

Essen in Hungerzeiten

Heuschreckenschwärme haben schon oft Ernten vernichtet. Dabei könnten die Menschen vielleicht überleben, wenn sie statt des Korns die Heuschrecken äßen. Fachleute glauben, dass die Wichtigkeit von Insekten steigen wird, wenn der Klimawandel mehr Missernten und Hungersnöte bewirken sollte.

Witchetty-Maden

Die dicken, fetten, cremig weißen, sich windenden Maden sind ein Tausende von Jahren altes Nahrungsmittel in Australien. Sie sind vielleicht der bekannteste Insekten-Snack der Welt.

Ekel-Faktor

Die Maden sehen zwar eklig aus, schmecken aber köstlich.

Ganz schön lang

Witchetty-Maden können auch Raupen sein, da sie aus den Eiern verschiedener Insekten schlüpfen, darunter Schmetterlingen. Sie können bis zu 7 cm lang werden. Man kann sie roh, gebraten oder in der Asche eines Lagerfeuers gegart essen. Sie schmecken wie nussige, buttrige Rühreier.

Wüsten-Mahl

Früher waren die Witchetty-Maden ein wichtiger Nahrungsbestandteil für die Aborigines (australische Ureinwohner), die im Outback (australische Wüste) lebten. Sie gruben die Maden aus den Wurzeln und Stämmen bestimmter Baum- und Buscharten, vor allem aber aus dem Roten Eukalyptus. Heute sind die Menschen nicht mehr auf die Made als Nahrung angewiesen, in manchen Restaurants und auf Festen wird sie aber nach wie vor angeboten.

Tipp

Witchetty-Maden sind auf Spießchen gepikst prima zum Grillen geeignet.

Diese Witchetty-Maden werden gleich gekocht.

Mottenfrikadellen

Ein traditionelles Mottenfrikadellen-Rezept lautet so: Man suche die Höhlen in den australischen Bergen auf, wo Bogong-Motten im Sommer zu Abertausenden leben. Eine Handvoll absammeln und in heiße Asche legen, um Flügel und Beine abzuflämmen. Zu Mottenfleisch verkneten, das man zu einer Kugel formt und zu einer Frikadelle platt drückt. Jetzt am Lagerfeuer braten – und fertig!

Ekel-Faktor

Was hältst du von einer leckeren Mottenfrikadelle beim nächsten Grillabend? Vielleicht doch nicht ...

Mottenfest

Solche Mottenfrikadellen wurden von den australischen Ureinwohnern, den Aborigines, schon immer beim traditionellen Bogong-Motten-Fest zubereitet. Die Motten sind nahrhaft und energiereich, da sie viel Fett und Eiweiß enthalten. Das macht sie zu einer sinnvollen Nahrung.

Tipp

Wenn du keinen so großen Hunger hast, kannst du die Motten auch nach alter Tradition einzeln als kleinen Snack essen.

Sommer-Snack

Auf den Speisezetteln der Australier nehmen Motten heute keinen wichtigen Platz mehr ein. Durch ihr massenhaftes Auftreten jedes Jahr sind sie aber ein wertvoller Nahrungsbestandteil für Tiere wie Spinnen, Eidechsen oder bestimmte Beuteltiere. Auch heute noch kannst du sie jeden Sommer beim Ngan-Girra-Festival in Australien (New South Wales) essen.

Ameisen in Schokolade

Du kannst tatsächlich schokoladenüberzogene Ameisen kaufen: in Abteilungen für exotische Lebensmittel. In Afrika, Südamerika und Asien ist es weit verbreitet, Ameisen zu essen. Für manche Menschen gehören sie zu den Grundnahrungsmitteln.

Ekel-Faktor

Wenn du über die Abneigung, Krabbeltiere zu essen, hinwegkommen kannst, sind Ameisen die leckersten.

Eine Packung mit Ameisen in Schokolade: gleich zum Wegfuttern!

Schon gewusst?

Vermutlich gibt es mehr Ameisen auf der Welt als irgendeine andere Tierart. Nähme man das Gewicht aller Ameisen der Welt zusammen, wögen sie so viel wie alle Menschen zusammen – vielleicht sogar mehr.

Ameisen fangen

Menschen haben viele Tricks, um Ameisen einzufangen. In Thailand gräbt man Ameisenhaufen auf oder holt ganze Ameisenstaaten von Bäumen und taucht die Tiere in Wasser, um sie von Eiern und Dreck zu befreien. In Brasilien werden ausgehöhlte Zweige mit Öl gefüllt und in die Erde gesteckt, um Ameisen anzuziehen und dann vom Zweig zu schlürfen.

Rezepte

Einige Ameisen kann man roh essen, die meisten aber werden zubereitet. Außer dass sie mit Schokolade überzogen werden, verwendet man sie, kurz gebraten, in Suppen, Pasteten und Burgern. In Mexiko isst man auch die Eier und Larven.

Tipp

Ameise schmeckt nicht wie Ameise. Manche Arten erinnern an Schinken, Butter oder Zitronen.

Mopane-Raupe

Die Mopane-Raupe lebt auf Bäumen.

Ekel-Faktor

Trotz schleimiger Innereien sind die Raupen normale Nahrung für Millionen von Menschen.

Tipp

Vor dem Genuss einer Mopane-Raupe muss man ihre bitteren Innereien loswerden. Dafür drückt man sie wie eine Tube Zahnpasta und schüttelt den grünen Schleim, der herauskommt, ab.

Im südlichen Afrika gehören die Mopane-Raupen zu den Grundnahrungsmitteln. Wenn die schleimigen Innereien erst einmal herausgequetscht sind, kann man sie als Snack oder in einem deftigen Eintopf essen.

Die Raupen werden hier für ein Festmahl über einem offenen Feuer gekocht.

Raupen-Saison

Die Mopane-Raupen schlüpfen im frühen Sommer (November im südlichen Afrika) aus den Eiern einer Nachtfalterart. Sie fressen sich in den Mopane-Bäumen fett. Dort werden sie abgesammelt und dann in der Sonne getrocknet. Es gibt sie sogar als Konserven in Supermärkten. Während der Mopane-Raupen-Saison sinkt der Verkauf von anderen Fleischsorten drastisch ab, so beliebt sind sie.

Wie schmecken sie?

Mopane-Raupen haben nicht besonders viel Eigengeschmack, deshalb werden sie oft in einem stark gewürzten Tomateneintopf serviert. Aber gebraten oder gegrillt sollen sie den Geschmack von Brathühnchen haben.

Gebratene Spinne

Allen, die schon beim Anblick von Spinnen Angst haben, läuft beim Gedanken daran, Spinnen zu essen, wahrscheinlich ein Schauer über den Rücken – je fetter die Spinne, umso mehr ...

Diese Art Vogelspinnen isst man in Kambodscha.

Beliebter Imbiss

In Südamerika und Südostasien sind Spinnen als Nahrungsmittel beliebt. In Kambodscha werden ganze geröstete Spinnen als Imbiss auf Märkten angeboten. Im Amazonas-Regenwald bereiten die Leute große Vogelspinnen zu, indem sie ihre Innereien auf ein Blatt quetschen, aus dem Blatt ein Päckchen falten und es über heißer Asche garen.

Ekel-Faktor

Eine fette, haarige Vogelspinne auch noch essen? Absolut widerwärtig!

Köstliche Vogelspinnen

Spinnenfleisch aus Kopf und Beinen schmeckt ein bisschen wie Krabbenfleisch. Aber in großen Spinnen besteht der Körper aus einem – auch nach dem Kochen – zähflüssigen Innereienbrei. Echt unappetitlich!

Schon gewusst?

Trotz ihrer Größe bewegen sich Vogelspinnen sehr langsam und sind deshalb leicht zu fangen.

Tipp

Um nicht aus Versehen den Giftzahn mitzuessen, wird er vorher abgeschnitten. Manche nehmen ihn aber auch als Zahnstocher.

Kutteln

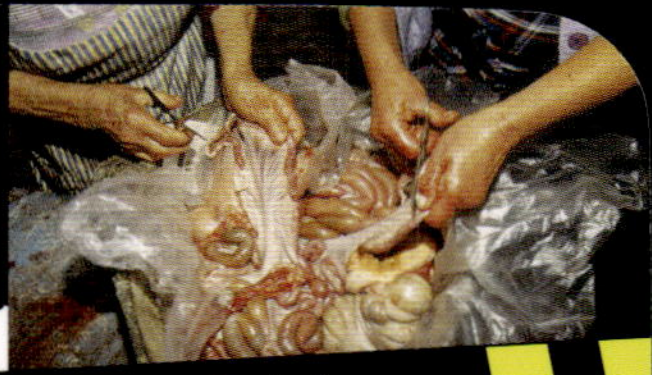

Kutteln werden aus den Mägen von Wiederkäuern, meist Kühen, zubereitet. Sie gehören zu den Innereien wie Hirn, Lunge und Herz. Viele Menschen finden Kutteln widerlich, weil sie ähnlich wie Erbrochenes riechen und schwammig-rau sind. In England und Frankreich sowie als Suppe in der Türkei sind Kutteln Traditionsgerichte.

Ekel-Faktor

Im Vergleich zu anderem »Ekelessen« in diesem Buch sind Kutteln auf jeden Fall das kleinere Übel.

Unbedingt waschen

Bevor Menschen sie essen können, müssen Kutteln unbedingt gründlich gewaschen und gewässert werden, um sie von saurem Magenschleim und dem Mageninhalt zu befreien. Als Tierfutter für Hunde und Katzen werden ungewaschene Kutteln benutzt, die »grüne Kutteln« genannt werden. Der Mageninhalt der Gras fressenden Kühe ist eben grün – lecker!

Lange kochen

Einmal gereinigt, müssen Kutteln über Stunden weich gekocht werden. Manche Leute sagen, sie schmecken verdorben und seien unangenehm schleimig im Biss. Andere schätzen gerade die etwas matschige Weichheit. Stark eiweißhaltig, fettarm und sehr billig, waren Kutteln immer eine weitverbreitete Mahlzeit.

Eine servierfertige Portion Kutteln

Schon gewusst?

Es gibt verschiedene Arten von Kutteln, je nachdem, um welchen der Kuhmägen es sich handelt. Neben den verbreiteten Kutteln aus dem Pansen werden auch welche aus dem Netzmagen oder dem Blättermagen angeboten.

Tipp

Wenn du keine Kutteln essen möchtest, meide Gerichte mit den Wörtern »Tripe«, »Trippa«, »Callos« oder »Kaldaunen« im Namen.

Schafskopf

Stell dir vor, du bekommst einen Teller vor dich hingestellt, auf dem ein ganzer Schafskopf liegt. Im Nahen Osten, Teilen von Afrika und in skandinavischen Ländern ist dies eine Delikatesse, in Island und Norwegen sogar ein Weihnachtsessen.

Ekel-Faktor

Wenn du darüber hinwegkommst, dass ein Schaf dich anschaut, kann Schafskopf sehr lecker schmecken.

Wenig Fleisch?

Vielleicht denkst du, ein Kopf enthält viel zu wenig Fleisch, er besteht doch fast nur aus Knochen, Haut, Zähnen, Haaren und Knorpel. Stimmt nicht. Man kann die Ohren, die Backen, das Fleisch überm Schädel, das Hirn, die Zunge und sogar die Augen essen.

Zubereitung

Zuerst muss ein Schafskopf gründlich gewaschen, vom Fell befreit, gesalzen und in Wasser eingeweicht werden. Dann wird er mehrere Stunden mit Gemüse gekocht oder im Ofen gegart. Dazu gibt es oft Kartoffeln oder knuspriges Brot und Tomaten- oder Zwiebelsoße.

Leckerbissen

Schafskopfliebhaber behaupten oft, dass Zunge und Hirn die leckersten Teile sind, obwohl andere die Augen als besonders köstlich hervorheben.

Ein mit Wurst servierter Schafskopf vor ...

... und nach der Mahlzeit

Hákarl

Hákarl ist getrocknetes, vergammeltes Haifleisch. Köstlich! In Island ist es ein Traditionsgericht, obwohl es so grässlich schmeckt, dass sogar viele Isländer es niemals essen würden.

Ekel-Faktor

Hákarl ist eins der am schlimmsten stinkenden und ekligsten Lebensmittel der Welt.

Stinkende Haie

Hákarl wird aus Grönlandhai oder Riesenhai hergestellt. Deren Fleisch enthält sehr stark riechende und gesundheitsschädliche Substanzen. Um es überhaupt essbar zu machen, wird es ausgepresst, traditionellerweise mehrere Wochen unter einem Steinhaufen. Sobald es anfängt zu vergammeln, wird es zwei Monate zum Trocknen aufgehängt und dann klein geschnitten.

Tipp

Wenn du unbedingt Hákarl probieren willst, halte dir die Nase zu, damit du es überhaupt schaffst, einen Bissen zu nehmen.

Wie schmeckt's?

Sogar Hákarl-Fans müssen das Fleisch mit einem starken Getränk hinunterspülen. Es soll sehr scharf schmecken und stark nach Ammoniak riechen. Das ist eine Chemikalie, die deine Augen tränen lässt. Hákarl ist weich und glibberig wie fettiges Fleisch.

Dieser Isländer hat Haifleisch zum Trocknen aufgehängt: ein Teil des Herstellungsprozesses von Hákarl.

Guga

Guga (so der englische Name) wird als Delikatesse auf der weit im Meer liegenden schottischen Insel Lewis geschätzt. Es ist das Fleisch von Basstölpel-Jungvögeln, das extrem fischig, salzig und streng schmeckt.

Erst mal kriegen ...

Obwohl viele Menschen den Geschmack abscheulich und den Geruch sogar noch schlimmer finden, ist Guga eine kostspielige Delikatesse, weil Basstölpel-Jungen aufwendig zu fangen sind und nur begrenzt gefangen werden dürfen. Im Herbst brechen die Guga-Jäger im Schiff von Lewis auf und fahren zu den Nistplätzen der Vögel, der 65 km entfernten kleinen Insel Sula Sgeir (wörtlich etwa: Basstölpel-Insel). Dort fangen sie die Jungtiere auf traditionelle Weise mit Schlingen am Ende langer Stangen.

Ekel-Faktor

Obwohl Guga eklig zu sein scheint, schätzen es viele. Aber auch die stimmen zu, dass der Geruch beim Kochen unerträglich ist.

TIPP

Vor dem Kochen muss Guga erst von Fett und Salz freigeschrubbt werden. Dann wird es mehrmals gekocht und das Fett wird jeweils abgeschöpft.

Die flugunfähigen Basstölpel-Jungen sind ein leichtes Opfer für Jäger.

SCHON GEWUSST?

Basstölpel stehen unter Naturschutz, aber eine spezielle Regelung erlaubt die Guga-Jagd einmal im Jahr. Naturschützer würden sie gern ganz verbieten.

Chinesischer Raupenpilz

Im Himalaja, wo er herkommt, wird dieser Pilz »Yartsa Günbu« oder »Dong Chong Xia Cao« genannt. Beides bedeutet: »Sommergras-Winterwurm«. Dieser Pilz beginnt sein Leben als Raupe und beendet es als Pflanze!

Ekel-Faktor

Die Raupen-Pilz-Kombination dürfte wirklich fast jeden davon abhalten zu probieren – sogar Pilz-Liebhaber.

Raupeninvasion

Raupen einer Schmetterlingsart aus der Familie der Wurzelbohrer, die unter der Erde überwintern, werden von dem Pilz befallen. Der Pilz treibt seine Wurzeln durch den ganzen Raupenkörper, tötet die Raupe und konserviert sie im Erdreich. Im Frühling sprießt dann aus dem Kopf ein Pilz, an dessen Ende noch die vertrocknete, tote Raupe hängt.

Pilze als Medizin

Die Bergbewohner des Himalaja essen den Raupenpilz seit jeher. Und er gehört zur traditionellen chinesischen und tibetischen Medizin. Tatsächlich enthält er wirkungsvolle pharmazeutische Substanzen.

Tipp

Die Raupenpilze werden im Ganzen oder zerbröselt in Suppe gegessen. Sie werden auch als Medizin in Pillenform verabreicht. Probiere sie in keiner Form, sie können dich krank machen.

Ein Mann gräbt nach Raupenpilzen, die in China sehr kostbar sind.

Augen

Vielleicht hast du schon mal Augen gegessen: als Gruselsüßigkeit an Halloween. Aber viele Menschen essen echte Augen – z.B. von Kühen, Schafen und Fischen.

Ekel-Faktor

Viele Menschen finden Augäpfel köstlich. Für andere ist die Vorstellung, sie zu essen, widerwärtig.

Speziell für dich!

Da Augen nur ein kleiner Teil eines Tieres sind, gibt es keine großen Mengen davon. Deshalb kann es sein, dass sie als besonders rare Delikatesse dem Ehrengast als Aufmerksamkeit und Ehre bei einem Fest angeboten werden.

Stell dir vor, du müsstest in dieses Auge beißen!

Gebratene Schafsaugen

Schafsaugen sind in Saudi-Arabien beliebt, wo bei Festen ganze Schafe gebraten werden. Die Augen werden meist zuerst herausgenommen und gegessen. Sie sollen weich und matschig sein, wenn man hineinbeißt – lecker!

Fischaugen

In vielen Teilen Asiens werden die Augen als der leckerste Teil vom Fisch betrachtet. Du kannst sie im Ganzen herausdrücken oder -schälen und essen. Viele Leute spucken die harte Augenhornhaut dann wieder aus.

Gefüllte Augäpfel

Für ein traditionelles französisches Gericht namens »Yeux de veau farcis« (auf Deutsch: Gefüllte Kalbsaugen) werden Kälberaugen gekocht und Hornhaut, Iris und Linsen entfernt. Dann wird der Augapfel mit Pilzen gefüllt und in Brotbröseln gebraten.

Tipp

Solltest du jemals ein Auge essen müssen, schlucke es im Ganzen hinunter, damit du nicht durch Kauen das geleeartige Innere in den Mund bekommst.

Kopi-Luwak-Kaffee

Der Fleckenmusang ist ein scheues, nachtaktives Tier aus der Familie der Schleichkatzen.

Ekel-Faktor

Kopi Luwak besteht nicht wirklich aus Kot, ist also erträglich.

Einer der teuersten Kaffees der Welt kommt – aus dem Darm eines Tieres. Der Kaffee wird Kopi Luwak genannt, was »Musang-Kaffee« heißt. Und tatsächlich werden dafür Kaffeebohnen benutzt, die den Verdauungstrakt des Fleckenmusangs durchlaufen haben, der in Südostasien zu Hause ist.

Kaffeebeeren

Kaffeebohnen wachsen in den Früchten der Kaffeepflanzen, den Kaffeebeeren. Sie werden vom Musang gefressen. Verdaut wird nur die weiche Frucht, die härtere Bohne wird als Ganzes ausgeschieden. Aus dem Kot der Säugetiere werden die Bohnen gesammelt, gewaschen und geröstet. Jetzt kann der Kaffee gemahlen und aufgebrüht werden. Ein teurer Spaß: 500 g kosten über 100 Euro, eine Tasse in einem Café ungefähr 50 Euro.

Lohnt sich das?

Kopi Luwak soll sehr mild, schokoladig und köstlich schmecken. Zwei Gründe gibt es dafür: Erstens fressen Fleckenmusangs nur reife, makellose Beeren, die auch die besten Bohnen enthalten. Und zweitens dringen Substanzen aus den Eingeweiden der Tiere in die Bohnen ein und verbessern den Geschmack.

Was ist mit Keimen?

Obwohl die Bohnen aus Tierkot geholt werden, ist der Kaffee nicht gesundheitsschädlich, da beim Rösten mit hohen Temperaturen alle Keime abgetötet werden.

Im Fleckenmusang-Kot sind die Kaffeebohnen gut sichtbar.

Durian

Die Durian ist kein ekliger Körperteil eines Tieres oder vergammelte Nahrung, es ist nur eine Frucht. Aber was für eine! Sie ist berüchtigt für ihren widerwärtigen Geruch – und dennoch lieben viele sie.

Ekel-Faktor

Vom widerlichen Geruch abgesehen, ist die Durian ein Genuss.

Eine aufgeschnittene, reife Durian

Fußballgroße Frucht

Durians wachsen auf Bäumen in südostasiatischen Ländern wie Indonesien und Malaysia. Die stachligen Früchte können fußballgroß werden. Im Inneren sind die großen Samen von cremigem Fruchtfleisch umhüllt.

Was für eine Erfahrung!

Der Geruch von Durians wird mit vielem verglichen: Erbrochenes, stinkender Käse, Stinkesocken, faulige Zwiebeln, Katzenurin, Desinfektionsmittel, Toiletten, Schweinekot sind nur einige der wenig schmeichelhaften Vergleiche.

Dennoch geben viele Menschen ihr Geld für eine reife Durian aus, um in den Genuss des köstlichen Fruchtfleisches zu kommen, das buttrig, nussig und fruchtig schmecken soll.

Schon gewusst?

In Thailand ist es verboten, Durians in der Öffentlichkeit zu essen, weil ihr Gestank andere belästigen könnte.

Riesenassel

Ein Gesicht wie ein Monster mit großen, reflektierenden Augen, 14 gelenkige Krabbelbeine – die Riesenassel sieht aus wie eine blasse, lila-graue Riesenversion der Kellerassel. Anders als diese Verwandte wird die Riesenassel allerdings bis zu 40 cm groß, ähnlich wie eine Hauskatze! Es wird dich aber freuen zu hören, dass du keine von ihnen unter einem Stein im Garten finden wirst, da sie im Meer leben. Viele Menschen finden, dass die Riesenassel zu den ekligsten Lebewesen gehört.

Ekel-Faktor

Dieses faszinierende Lebewesen erschreckt viele Menschen durch sein Aussehen, das einer Riesen-Kellerassel gleicht.

Diese Riesenassel lebt in den eiskalten Tiefen des antarktischen Meeres.

Tiefsee

Die Riesenassel lebt am Boden der Tiefsee, wo sie auf der Suche nach totem Meeresgetier durch den Schlick kriecht. Wie viele andere Aasfresser kommt sie lange Zeit ohne Nahrung aus und schlägt sich, wenn sie dann welche findet, den Bauch bis zur Bewegungsunfähigkeit voll. Weibchen bilden zur Eiablage und Brutpflege einen Brutbeutel, ähnlich wie bei einem Känguru.

In Gefangenschaft

Manchmal geraten Riesenasseln in Grundschleppnetze. Selten werden sie als Haustiere gehalten oder hin und wieder in Aquarien ausgestellt.

Schon gewusst?

In manchen Teilen Asiens gelten Riesenasseln als Delikatesse. Wie Kellerasseln auch, sind sie mit Krebsen und Hummern verwandt. Ihr Fleisch schmeckt ähnlich wie Hummer.

Schnecken

Igittigitt! Die Vorstellung von einer kalt-feuchten, schleimigen Nacktschnecke auf deiner Haut ist abstoßend. Nackt- und andere Schnecken sondern, wo auch immer sie kriechen, einen klebrigen Schleim ab. Außerdem finden viele Menschen ihre weichen, matschigen Körper ekelhaft.

Ekel-Faktor

So harmlos sie sind, verursachen Schnecken mit ihrer Schleimigkeit bei vielen Menschen Gänsehaut.

Warum so schleimig?

Den meisten Schleim sondern Schnecken auf ihrer abgeflachten Körperunterseite ab, dem sogenannten Fuß. Auf diesem Schleimteppich bewegen sie sich voran, kriechen Wände und Pflanzen hoch. Der Schleim, der ihren restlichen Körper bedeckt, hilft ihnen beispielsweise Vögeln zu entkommen.

Bauchfüßer

Der Fachbegriff für die Tiergruppe (Klasse) der Schnecken – egal ob mit oder ohne Haus – lautet Gastropoden. Das bedeutet nichts anderes als »Bauchfüßer«.

Die Augen der Schnecken sitzen am Ende ihrer Fühler.

Spuren lesen

Auf der Suche nach einem Partner riechen Schnecken am Schleim und erkennen, ob die Schleimspur eine Schnecke ihrer eigenen Art hinterlassen hat.

Leckerschnecker

Vor allem in Frankreich gelten Schnecken in Knoblauchbutter als Delikatesse. Auch in Teilen Afrikas, wo es eine bis zu 20 cm lange Art gibt, werden Schnecken gegessen.

Seestern

Was passiert, wenn ein Seestern einen Fisch, eine Schnecke oder eine Muschel fressen will, die eigentlich zu groß für ihn ist? Ganz einfach: Er stülpt seinen Magen um und schiebt ihn aus seiner Mundöffnung heraus. Damit kann er sein Opfer umschließen und mit Verdauungssäften bei lebendigem Leib auflösen. Dann wird die vorverdaute Beute ins Innere in einen kleineren Magen gezogen.

Ekel-Faktor

Der Gedanke an einen Ausstülpmagen auf Beutezug ist echt eklig!

Neue Arme

Wenn ein Seestern einen Arm verliert, kann er nachwachsen. Sogar wenn er komplett in zwei Hälften geteilt wird, kann jede Hälfte überleben und einen neuen vollständigen Seestern bilden.

Mageninvasion

Sogar starke Schalen sind kein wirkungsvoller Schutz vor einem hungrigen Seestern. Einige Seestern-Arten können mit ihren starken Füßchen Muscheln aufstemmen. Dann führen sie ihren ausgestülpten Magen ins Innere der Muschel ein und verflüssigen und verdauen sie in der eigenen Schale.

Muss ich Angst haben?

Für viele Meeresbewohner ist die Jagdmethode der Seesterne gefährlich. Aber bestimmt nicht für uns Menschen! Die meisten Seesterne sind klein. Von 2 bis 50 cm reicht ihre Größe, und sie können ihre dehnbaren Mägen nur um Dinge stülpen, die sich sehr langsam bewegen. Es kann also nicht passieren, dass deine Hand eingestülpt wird, während du schwimmst.

Riesenqualle

Wie groß kann eine Riesenqualle werden? Die größten sind mit etwa 2 m die japanische Nomura-Qualle und die in nördlichen Meeren beheimatete Gelbe Haarqualle, auch Feuerqualle genannt. Die Tentakel der Letzteren können zudem unglaubliche 36 m lang werden.

Ekel-Faktor

Riesenquallen erscheinen uns vielleicht abscheulich – aber doch nur, weil sie so anders als wir sind.

Wabbelig und faserig

Viele Menschen finden Quallen schon beim Angucken eklig. Sie haben geleeartige, kuppelförmige Körper, lange Tentakel und armartige Teile, die von ihrer Unterseite rund um den Mund in der Mitte herabbaumeln. Viele Quallen können mit ihren Tentakeln giftige Stiche austeilen, aber die Riesenquallen sind nicht so giftig wie viele kleinere Arten. Sie fressen und fangen auch keine Menschen.

Quallenplage

Immer wieder haben japanische Fischer Probleme mit Schwärmen von Nomura-Quallen. Wenn sie in die Fangnetze geraten, überdecken sie die Fische mit Schleim und Quallengift, sodass diese nicht mehr gegessen werden können.

Ein Taucher befestigt eine Sonde an einer Nomura-Qualle.

Komodowaran

Der Komodowaran ist die größte Echse auf Erden und kann bis zu 3 m lang werden. Er erinnert ein bisschen an einen kurzbeinigen und kleinköpfigen Dinosaurier mit einem langen, schweren Schwanz und gegabelter Zunge.

Ekel-Faktor

Das Fressverhalten dieser Echse ist eines der ekligsten im Tierreich. So auch ihr stinkender Atem.

Totes Fleisch: lecker

Komodowarane ernähren sich als Aasfresser von totem Fleisch, jagen aber auch manchmal. Mit ihrer gegabelten Zunge nehmen sie ähnlich wie Schlangen Witterung auf und können verwesendes Aas auf bis zu 8 km Entfernung riechen. Finden sie z. B. eine tote oder verendende Ziege, verschlingen sie diese in großen Brocken oder sogar als Ganzes.

Keime und Gift

Komodowarane können auch töten: Entweder infizieren sie ihr Opfer mit verheerenden Krankheitskeimen aus ihrem Maul oder sie vergiften es.

Schon gewusst?

Um zu verhindern, dass Komodowarane Tote aus ihren Gräbern ausgraben und fressen, häufen die Menschen Steine auf ihre Grabstellen.

Ausgewürgt

Nach der Mahlzeit würgt der Komodowaran die unverdaulichen Teile des Tieres aus: einen Klumpen aus Fell, Zähnen und Knochen.

Komodowarane leben nur auf einigen indonesischen Inseln und sind dort eine Touristenattraktion.

Krötenechse

Diese sonderbare Wüsten-Krötenechse aus Nordamerika hat eine wirklich widerliche Methode, sich gegen Fressfeinde zu wehren: Sie bespritzt sie mit einem wohlgezielten Blutstrahl aus ihrem Auge.

Ekel-Faktor

Ein blutiges, stachliges Monster – aber nur in Minigröße

Gehörnt und gefährlich

Obwohl sie klein sind (zwischen 6 und 16 cm Länge), wirken die Echsen durch ihre Stacheln und Dornen und durch ihre getupfte Haut wie Mini-Drachen. Schon ihre Stacheln können manche Feinde abwehren. Sie können sich aufblasen, um sich größer und dorniger erscheinen zu lassen. Und dann haben sie noch eine Geheimwaffe ...

Blutspritzer

Die Krötenechse kann ihr eigenes Blut über eine Distanz bis zu einem Meter spritzen, um einen Angreifer abzuschrecken. Dafür wird der Blutfluss vom Kopf zum Körper unterbrochen, sodass sich Blut sammelt und Druck aufgebaut wird. Wenn der Druck groß genug ist, platzen schwache Blutgefäße am Auge und das Blut spritzt heraus.

Was war das denn?

Der Blutstrahl kann einen Angreifer, z. B. einen Kojoten, verwirren, wenn er ihn im Auge oder Gesicht trifft.

Faszinierende Entdeckung

Der spanische Entdecker Francisco Hernández hat die Krötenechse 1651 erstmals beschrieben: »Wenn ihr Kopf oder Auge gedrückt wird oder sie angestoßen wird, schießt sie wehrhaft Blutstropfen ... bis zu einer Distanz von drei Schritten.«

Niesen

Ha..., ha..., haaatschi! Du niest, wenn du erkältest bist, aber auch, wenn du Pfeffer oder Staub in die Nase bekommen hast. Niesen ist ein Reflex, der uns hilft, unsere Nase »auszumisten«, egal, ob zu viel Schleim darinsteckt oder wir etwas eingeatmet haben, das die Schleimhaut reizt.

Ekel-Faktor

Niesen ist nur dann wirklich eklig, wenn dich jemand direkt anniest – statt in sein Taschentuch.

Schon gewusst?

Helles Licht lässt manche Leute niesen. Den Grund kennt niemand.

Tipp

Manchmal kannst du Niesen vermeiden, indem du deine Oberlippe nach unten über deine Schneidezähne ziehst oder fest auf die Oberlippe drückst.

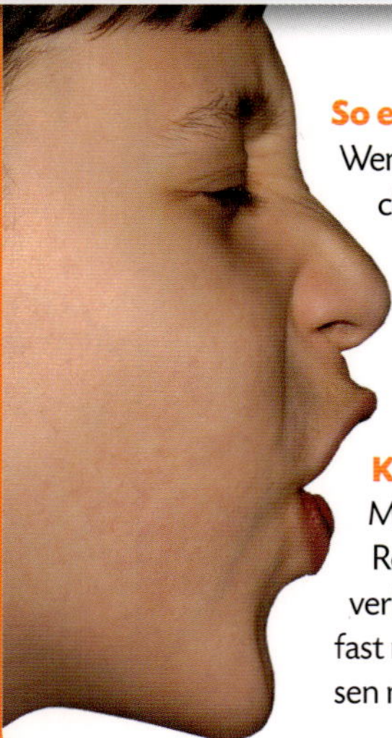

So entsteht ein Nieser

Wenn etwas die Nerven im Naseninneren irritiert, schicken sie eine Nachricht ans Gehirn, das den Nieser auslöst. Zuerst holst du tief Luft und dann drücken starke Muskeln in deiner Brust Luft mit extrem hoher Geschwindigkeit aus Mund und Nase.

Keimverbreitung

Mit dem Niesen gelangt ein Tröpfchenspray aus Rotz und Spucke in die Luft. Wenn du erkältet bist, verbreitet sich so die Erkältung im Flug. Man könnte fast meinen, die Keime der Krankheiten, die dich niesen machen, sorgen so selbst für ihre Verbreitung.

Erbrechen

Sich zu erbrechen, ist grässlich. Egal, wodurch verursacht: Eine Mischung aus halb verdautem Essen und ätzender Magensäure durch Mund und Nase zu würgen, ist einfach widerlich; und es schmeckt und riecht abscheulich. Warum also erbrechen wir überhaupt?

Ekel-Faktor

Nur wenige Menschen finden Erbrechen nicht absolut widerwärtig.

Schnell raus damit!

Unser Körper benutzt Erbrechen, um gefährlichen Mageninhalt loszuwerden. Keime, Gift, vergammeltes Essen, all das kann dich erbrechen lassen. So unangenehm Erbrechen ist – dein Körper versucht dich dadurch vor etwas Schlimmerem wie Krankheit oder sogar Tod zu bewahren.

Schwindlig!

Wissenschaftler glauben, dass das Gehirn durch Herumwirbeln und Schaukeln unterschiedliche Signale vom Gleichgewichtssinn im Ohr und vom Auge bekommt, wodurch Schwindel entsteht.

Tipp

Gegen Reiseübelkeit hilft es, einen Punkt, z. B. den Horizont, zu fixieren. Dann wird das Gehirn weniger durcheinandergebracht.

Erbrechen ist nützlich, aber sehr unangenehm.

Ansteckend

Zu sehen oder zu hören, wie sich jemand erbricht, bewirkt meistens, dass einem selbst schlecht wird. Das ist sinnvoll: Denn wenn alle dasselbe Schlechte gegessen haben, sollte es jeder auch sofort wieder loswerden.

Toiletten

In modernen Städten haben die meisten Wohnungen adrette Klos mit Wasserspülung. Durch sie spülen wir Urin, Kot und andere eklige Sachen wie Erbrochenes ins Abwassersystem.

Wasserklosetts

Wasserklosetts (oder WCs) wurden 1594 erfunden, aber es dauerte noch fast 300 Jahre, bevor sie Verbreitung fanden. Eine Toilette mit Spülung hat einen Wasserkasten, der mit der Kloschüssel verbunden ist. Wenn du spülst, läuft das Wasser in die Schüssel und spült den Toiletteninhalt durch ein Abwasserrohr.

Leben ohne Toilette

Toiletten sind vielleicht ein bisschen eklig, aber sie sind geradezu appetitlich, verglichen mit der Alternative. Früher mussten die Menschen Urin und Kot anders loswerden: zum Beispiel in einer Grube in einiger Entfernung zu ihrem Wohnhaus (wie heute noch vielerorts auf der Welt). Im Mittelalter benutzten die Leute einen Nachttopf, meist aus Porzellan, den sie einfach auf die Straße leerten. Im Vergleich dazu ist eine Toilette höchst erfreulich.

Ekel-Faktor

Toiletten können eklig sein, aber ohne sie gäb's viel mehr Gestank.

In vielen Ländern, wo Wasser knapp ist, wird für Toiletten nicht Wasser, sondern nur die Schwerkraft genutzt.

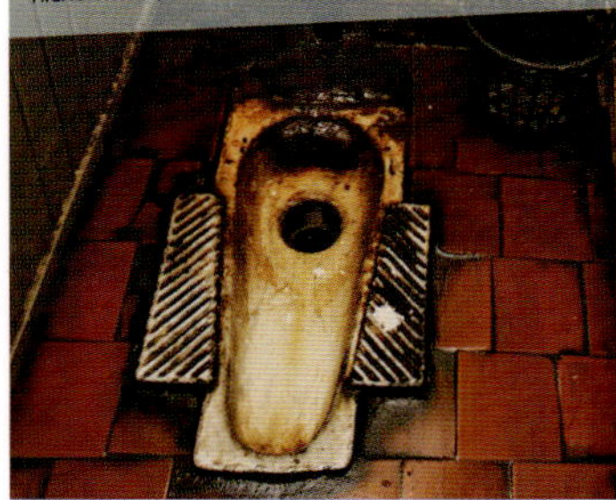

In Kläranlagen wird der Abfall aus Toiletten aufbereitet.

Antike Toiletten

Die alten Römer und die Indus-Kultur in Indien hatten schon vor Tausenden von Jahren Toiletten. Sie hatten zwar keinen Spülkasten, waren aber an ein Kanalsystem angeschlossen, in dem fließendes Wasser Kot und Urin wegspülte.

Abwasser

Wohin geht dein Dreck, wenn du die Klospülung betätigst, Zahnpasta ausspuckst oder saure Milch wegschüttest? Ins Abwasser: ein unterirdisches Tunnelsystem. Durch Kanäle wird alles zur Aufbereitung transportiert. Wie du dir denken kannst, ist ein Kanal nicht der schönste Aufenthaltsort.

Ekel-Faktor

Wenn du in einem Abwasserkanal ständest, fändest du es sicher fürchterlich eklig!

Fiese Brühe

Wenn du dir überlegst, was du wegspülst, kannst du dir vorstellen, was für eine widerliche Brühe Abwasser ist. In einem Strom dreckigen Wassers und Urins schwimmen Kot, Erbrochenes, vergammeltes Essen, Brocken von Frittierfett, ätzende Reinigungs-Chemikalien, anderer Schmutz und vieles mehr. Und das alles in einer Wolke stinkender Gase.

Weg mit dem Dreck!

Auch wenn sie ekelhaft sind, so sind Abwasserkanäle doch eine große Errungenschaft. Sie dienen der Sauberkeit und damit der Gesundheit. Wenn das Abwasser eine Kläranlage erreicht, wird das Wasser gefiltert und behandelt, um es zu reinigen. Dann wird es oft in Flüsse oder das Meer geleitet. Bestimmte Bestandteile werden für die Benutzung in der Landwirtschaft oder Industrie weiterverarbeitet.

Kanalbewohner

Vielleicht hast du schon einmal wilde Geschichten von ausgerissenen Krokodilen und Schildkröten gehört, die ihr Unwesen im Kanalsystem der Städte treiben. Das ist meist erfunden. Wahr ist aber, dass die Kanäle mit ihrem vergammelten Essen Tausenden hungriger Ratten ein Zuhause bieten.

Ein offener Abwasserkanal in Indien zwischen den Häusern

Bettwanze

Was ist dein Bett doch gemütlich ... solange sich keine Bettwanzen darin befinden. Die beißen dich, wenn du schläfst, und verursachen grässlichen Juckreiz.

Ekel-Faktor

Ein von Wanzen wimmelndes Bett ist keine schöne Vorstellung.

Meister im Verstecken

Die lichtscheuen Bettwanzen sind schwer zu finden. Winzig und platt, wie sie sind, können sie sich tagsüber in Matratzensäumen und den kleinsten Ritzen verstecken. Manche verbergen sich sogar an der Decke über einem Bett und lassen sich dann nachts herunterfallen. Igitt! Zum Glück sind heutzutage die meisten Wohnungen wanzenfrei.

Tipp

Du kannst Bettwanzen fangen, indem du mitten in der Nacht eine Taschenlampe auf dein Bett richtest und sie einsammelst, bevor sie losrennen. Um den Befall aber vollständig loszuwerden, musst du eventuell einen sogenannten Kammerjäger hinzuziehen.

Essenszeit!

Sobald es stockdunkel ist und du stillliegst, stechen dich die Bettwanzen mit ihren scharfen, schnabelartigen Mundwerkzeugen, die zwei Röhren haben: eine, um betäubende Flüssigkeit auf die Bissstelle zu geben, und eine zum Blutsaugen. Zuerst spürst du nichts, aber es bleibt eine quälend juckende Quaddel zurück.

Bettwanzen beißen Menschen, wenn sie am wehrlosesten sind: im Schlaf.

Drei in einer Reihe

Wanzen hinterlassen oft drei ordentlich aufgereihte Bissstellen, man könnte meinen: Frühstück, Mittagessen, Abendbrot. Der Grund ist aber, dass sie kurz von dir ablassen müssen, wenn du dich im Schlaf bewegst, und sich dann erneut festbeißen.

Hausstaubmilbe

Bettwanzen kannst du leicht vermeiden, aber Hausstaubmilben hast du mit Sicherheit in deiner Wohnung. Die meisten Betten sind genauso wie Sofas und Teppiche das Zuhause von Tausenden dieser winzigen spinnenartigen Wesen. Ihre Nahrung sind Schüppchen abgestorbener Haut, die sich im Hausstaub befinden – daher ihr Name.

Ekel-Faktor

Ganz schön eklig, mit wie vielen Krabbeltieren wir zusammenleben. Gut, dass wir sie nicht sehen können.

Tipp

Hausstaubmilben und ihr Kot werden vernichtet, wenn du dein Bettzeug bei 60 °C wäschst. Dann sind sie aber immer noch in der Matratze. Es ist schwer, sie ganz loszuwerden.

Winzlinge

Die Menge Haut, die dein Körper jeden Tag abschuppt, ist winzig – und genauso sind die Hausstaubmilben. Die blinden, achtbeinigen Milben sind kleiner als 0,5 mm. Jeder Mensch produziert Hautschüppchen für mehrere Tausend gut genährte Milben.

Allergieauslöser

Wenn sich Hausstaubmilben durch den Staub fressen, hinterlassen sie Ausscheidungen und ihre Haut, die sie wie Schlangen abwerfen. Diese Hinterlassenschaften lösen bei manchen Menschen Allergien mit Ausschlag oder Asthma aus.

Schon gewusst?

Der Mensch verliert täglich Millionen toter Hautzellen. In einem Jahr summiert sich das zu fast einem Kilogramm.

Eine Hausstaubmilbe unterm Mikroskop – auf der Suche nach ein bisschen Haut zum Abendbrot

Schwalbennestersuppe

Hier geht es nicht etwa »nur« darum, Vogelnester aus Gras und Zweigen zu essen, sondern welche aus Vogelspucke!

Ekel-Faktor

Klebrige, gekochte Vogelspucke – igitt!

Speichelsuppe

Die Suppe wird aus den Nestern der Vogelart Salanganen gekocht, die keine Schwalben, sondern Segler sind (verwandt mit unseren Mauerseglern). Sie nisten weit oben in Höhlen an Felsküsten, wo sie Moos, Haare, Seetang, Federn usw. mit Spucke zusammenzementieren und als Nest an die Wand kleben. Sammler müssen die Höhlenwände hinaufklettern, um an die Nester zu kommen.

China-Delikatesse

Die Nester werden nach China transportiert, wo große Nachfrage herrscht. In Wasser gekocht, quillt die Spucke und löst sich in eine gelatineartige Masse auf. Für mehr Geschmack wird meist Hühnchen hinzugefügt.

Das Innere eines Salanganennests, noch feucht von Spucke

Schon gewusst?

Schwalbennester gehören zu den teuersten Lebensmitteln der Welt: 0,5 kg können rund 800 Euro kosten.

Tipp

Du solltest keine Schwalbennestersuppe essen, da die Zahl der Salanganen durch den Nestraub, bei dem Eier zerstört werden, zurückgeht.

Tierfüße

Füße sehen nicht gerade nach viel Fleisch aus, sind aber seit Jahrhunderten ein beliebtes, billiges Lebensmittel. Sie müssen nur vorsichtig gekocht werden, damit sie nicht zäh werden.

Ekel-Faktor

Füße sind nicht ekliger als anderes Fleisch, man muss sich nur daran gewöhnen.

Vogelfüße

In vielen Ländern Asiens kannst du Hühner- und Entenfüße als Snack kaufen, wie Bratwurst bei uns. Sie werden lange geschmort oder gekocht, sodass sich Sehnen und Gelenke in eine zähflüssige Masse verwandeln. Die kleinen Knöchelchen, die sie enthalten, muss man ausspucken. Vogelfüße dienen auch als Suppen- und Eintopfeinlage.

Gebackene Hühnerfüße zum Mitnehmen: ein etwas gewöhnungsbedürftiger Snack

Elefantenfuß

1790 schwärmte der französische Entdecker François Le Vaillant von einem Elefantenfuß-Mahl, das er in Afrika serviert bekam. Seine Gastgeber gruben den Fuß in die heiße Asche eines Feuers ein und backten ihn, bis er weich war. »Es sah so köstlich aus und verströmte einen so köstlichen Geruch, dass ich kaum warten konnte zu probieren: ein Mahl für einen König!«

Schweinefüße

Schweinefüße haben deutlich mehr Fleisch als Vogelfüße. In China isst man sie in Eintopf, in Sri Lanka als Currygericht. Für die italienische Spezialität Zampone wird der Fuß entbeint (von Knochen befreit) und gefüllt.

Elchnase

Elchnase ist eine Spezialität der Inuit in Kanada, die klingt, als wäre sie nur eine lustige Beschreibung für ein Gericht – so wie Kalter Hund für einen Schokoladenkekskuchen. Aber nein, Elchnase ist wörtlich zu nehmen: gehäutet, gekocht und in Scheiben geschnitten.

Ekel-Faktor

Solange du einen Bogen um den Rotz machst, ein köstliches Essen

Was ist ein Elch?

Ein Elch ist ein großer Vertreter der Familie der Moschushirsche. Er lebt im nördlichen Europa, in Asien und Amerika und wird wegen seines Fells und Fleisches gejagt. Elche haben ungewöhnlich lange, angeblich schmackhafte Nasen.

Festvorbereitungen

Um die Elchnase zuzubereiten, muss man Nase und Oberlippe vom Kopf trennen und mehrere Stunden kochen, bis sich die dicke Haut und die Haare entfernen lassen. Dann kocht man sie noch einmal, diesmal mit Salz, Pfeffer, Kräutern und Gemüse. Man kann das aufgeschnittene Fleisch mit Soße essen oder Elchnasen-Sülze daraus machen. Es schmeckt wie kräftiges, fettiges Rindfleisch.

Eine Elchnase am besten Platz, wo sie sein kann

Bienenlarven

Viele Japaner und andere Asiaten essen gern Bienenlarven. Sie sind eine gute Insektennahrung für alle, die ein bisschen zimperlich sind, denn sie haben noch keine abstoßenden Krabbelbeine, Stacheln, Fühler und Flügel.

Honigsüß

Bienenlarven wachsen im Bienenstock oder -nest jede für sich in einer winzigen sechseckigen Zelle einer Wabe. Sie werden von den erwachsenen Tieren mit süßem Nektar und Pollen von Blumen gefüttert, weshalb Bienenlarven auch süß und honiggleich schmecken sollen.

Ekel-Faktor

Einer der weniger ekligen Insekten-Snacks ohne Beinchen und Flügel

Arbeitsbienen bringen Bienenlarven in ihren Zellen Nahrung.

Rezepte

Hier nur einige Zubereitungsarten für Bienenlarven:

- Mit Salz und Pfeffer gebraten als kleiner Imbiss
- In gezuckerter Sojasoße gekocht
- Als Einlage in einem Eintopf mit Chili
- In ein Omelett eingerührt
- Oder frisch aus der Wabe roh in den Mund gesteckt

Bienenspende

Bienenlarven können in der Natur gesammelt oder in Bienenstöcken gezüchtet werden. Mancherorts, z. B. im ländlichen Thailand, bedeutet es besonderes Glück, ein Wildbienennest zu finden: frischer Honig und dazu noch leckere Bienenlarven. In Japan stehen die Larven abgepackt im Supermarktregal und in Restaurants auf der Speisekarte.

Ein Teller zubereiteter Bienenlarven mit Kräutergarnitur

1000 Jahre Eier

Ein Ei über seinem Verfallsdatum ist wirklich widerlich. Dennoch sind stark riechende Enten- und Hühnereier, die mit Lehm bedeckt werden, bis sich ihr Inneres in eine graue, zähflüssige Masse verwandelt hat, eine chinesische Delikatesse. Weil sie so alt aussehen, heißen sie 1000-jährige Eier oder Jahrhunderteier.

Ekel-Faktor

Bei 1000-jährigen Eiern stehen den vielen, die sie eklig finden, Millionen von Fans gegenüber.

Was passiert da?

Ein 1000-jähriges Ei ist nicht wirklich tausend Jahre alt, nicht mal hundert. Tatsächlich braucht man einige Wochen oder Monate, um sie herzustellen. Früher wurden sie in Lehmboden eingegraben, aber heute werden dafür zum Beispiel Salz und Ätzkalk benutzt. Oder sie werden in eine spezielle Salzlake eingelegt. Im Inneren verändern sich die Eier, ohne faul zu werden. Da sie bedeckt sind, können keine Bakterien eindringen und sie schlecht werden lassen. Das Weiße wird ein festes Gelee und das Eigelb wandelt sich in eine cremig-käsige Masse. Der Geschmack mag ja in Ordnung sein, der Geruch ist es nicht! Die Eier stinken nach Ammoniak.

Jahrhunderteier auf einem Markt in China

Tipp

Am besten serviert man die Eier mit eingelegtem Ingwer, Sojasoße oder Tofu.

Faule Eier

Manche Leute werfen alte Lebensmittel nicht rechtzeitig weg. Vorsicht! Der Geruch fauler Eier ist einer der widerwärtigsten in der Welt. Wenn du ein faules Ei zerbrichst und abbekommst, ist das absolut ekelerregend.

Ekel-Faktor

Faule Eier sind wirklich widerwärtig. Aber immerhin betrachtet niemand sie als Nahrung.

Tipp

Eier bewahrst du am besten in ihrem Karton im Kühlschrank auf. Iss außerdem keine angeschlagenen Eier.

Keiminvasion

Eier können sehr lange aufbewahrt werden, ohne dass sie schlecht werden: Wochen, sogar Monate. Ihre harte Schale und die darunterliegende zähe Haut halten Keime fern. Irgendwann aber, speziell wenn das Ei etwas angeschlagen ist, dringen Bakterien ein. Wie alle vergammelnden Nahrungsmittel verändern sich die Eier durch den Bakterienbefall und entwickeln Giftstoffe.

Faules Ei, zerbrochen in einem Schraubglas. Der Deckel hält den Gestank drinnen.

Gasalarm

Eine der Hauptsubstanzen, die sich beim Faulen von Eiern bilden, ist das Gas Schwefelwasserstoff. Dieses Gas ist Träger des klassischen Faule-Eier-Gestanks und auch Bestandteil von Pupsen.

Schon gewusst?

Wenn ein Ei wirklich faul ist, riecht es und fühlt sich leicht an. Während es austrocknet, füllt ein stinkendes Gas die Schale. Vorher kannst du die Frische eines Eis testen, indem du es in Wasser legst. Ein frisches Ei sinkt nach unten, ein schlechtes hat schon Gas in sich und treibt nach oben.

Ameisenbisse

Warum Ameisen nur essen und nicht auch ihre Beißzangen zur Wundversorgung nutzen? Einige Völker Ostafrikas nutzen so jedenfalls eine Wanderameisen-Art.

Wandersoldaten

Eine Wanderameisenkolonie besteht aus Tieren mit verschiedenen Aufgaben, so auch aus Soldaten. Ihre großen Köpfe sind mit starken Klauen bestückt. Wenn sie zubeißen, lassen sie nicht mehr los – nicht einmal, wenn sie getötet werden.

Wundversorgung

Obwohl ein Biss mit ihren Zangen schmerzhaft ist, kann man ihn einsetzen, um Schnitte und Wunden zuzuklammern, so wie in Krankenhäusern genäht wird. Man hält die Wundränder zusammen und lässt eine Ameise so hineinbeißen, dass sie zusammengeklammert werden. Dann wird der restliche Ameisenkörper abgeknipst. Die Zangen können bis zu einer Woche in der Haut bleiben.

Ekel-Faktor

Eine Woche Ameisenzangen in der Haut zu haben, klingt schmerzhaft, kann aber sehr heilsam sein.

Ein Schwarm Wanderameisen in Sambia beim Schlürfen von Mayonnaise

Schon gewusst?

Wanderameisen können in großen Schwärmen durch Dörfer und über Land ziehen. Sie bewegen sich nicht schnell, du kannst weglaufen. Aber es gibt Berichte davon, wie ein solcher Schwarm Ameisen Menschen gefressen hat.

Tipp

Wenn Termiten über deine Ernte herfallen, kannst du sie mithilfe ihrer natürlichen Feinde, der Wanderameisen, wieder loswerden.

Spinnennetze

Kein Spukhaus oder gruseliges Verlies ist ohne wabernde, staubige, klebrige, fliegenübersäte Spinnweben wirklich vollständig. Sogar kleine Spinnweben können gruselig sein, aber manche Leute entfernen sie nicht.

Ekel-Faktor

Eklig ist ein Spinnennetz nur, wenn es an deinem Gesicht klebt.

Spinnseide

Spinnennetze werden aus Spinnfäden gemacht, die die Spinnen in einem speziellen Organ im Unterleib produzieren. Zunächst tritt eine zähe Flüssigkeit aus, die sich dann aber sofort zum Spinnfaden verhärtet. Spinnen nutzen die Fäden zum Klettern, zum Nestbau, um ihre Gänge auszupolstern und als Netze für den Insektenfang.

Eins der größten zusammenhängenden Spinnennetze, die jemals gefunden wurden, stammt aus Texas, USA. Verschiedene Spinnenarten haben es zusammen geschaffen.

Sehr dehnbar

Spinnseide ist unglaublich stark, dehnbar und klebrig. Das hält die Netze auch bei Wind und Regen zusammen und es hält die gefangenen Insekten fest. Nur deshalb können Spinnennetze auch an deinem Gesicht kleben bleiben, wenn du hineinläufst. Und da viele Menschen Angst vor Spinnen haben, gruseln sie sich vor deren Netzen gleich mit.

Tipp

Spinnseide ist sehr vielseitig zu gebrauchen. Die Netze einiger Spinnen können als Verbandmaterial, als Fischernetze oder zur Herstellung von Taschen benutzt werden.

Schweißfüße

Puuuh! Der Gestank von Käsefüßen lässt dich noch am anderen Ende vom Raum die Nase zuhalten. Und ein Haufen liegen gelassener Stinkesocken ist fast noch schlimmer. Je länger sie wochen- oder monatelang auf eine Wäsche warten, umso stinkiger werden sie!

Ekel-Faktor

Dem Geruch von Stinkefüßen ist mit Waschen leicht beizukommen!

Was ist Schweiß?

Schweiß besteht vorwiegend aus Wasser und kommt aus unserer Haut. Wenn er an der Luft verdunstet, kühlt er uns. Gleichzeitig schützt er unsere Haut vor Austrocknung. Nur wenn unsere Hände leicht feucht sind, können sie gut greifen. Schweiß selbst stinkt nicht. Aber Bakterien auf unserer Haut ernähren sich von Schweiß und sondern riechende Substanzen ab.

Warum schwitzen Füße?

Der Fußschweiß kommt aus bis zu 250 000 Schweißdrüsen pro Fuß. Den ganzen Tag sind wir auf unseren Füßen unterwegs, die Feuchtigkeit schützt die Haut davor einzureißen. Außerdem gibt Schweiß mehr Halt. Denn bevor sie Socken und Schuhe trugen, liefen und kletterten die Menschen barfuß – da waren Schweißfüße hilfreich.

Abstand halten! Diese dreckigen Füße stinken bestimmt.

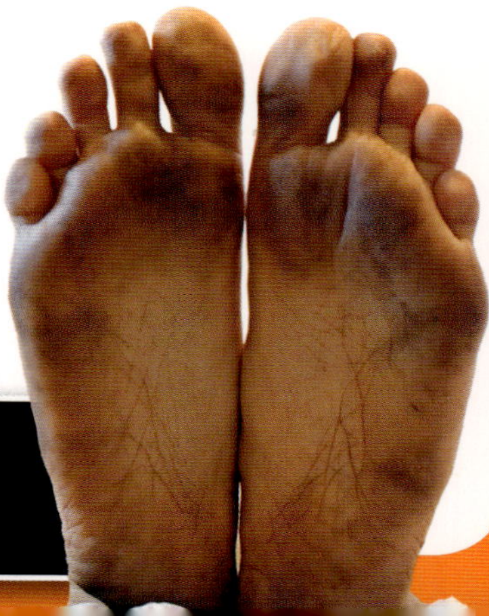

Schon gewusst?

Ein männlicher Erwachsener kann pro Tag bis zu einem halben Liter Fußschweiß produzieren.

Spucke

Spucke oder Speichel ist immer in unseren Mündern. Wir brauchen ihn, um zu kauen und zu schlucken. Trotzdem gilt Spucken als eine der ekligsten, unhöflichsten Handlungen überhaupt. Warum?

Ekel-Faktor

Viele Menschen empfinden Spucken als extrem widerlich, obwohl es eigentlich harmlos ist.

Was ist Spucke?

Speicheldrüsen rund um deine Zunge produzieren ununterbrochen Speichel. Spucke besteht vor allem aus Wasser mit ein paar zusätzlichen Inhaltsstoffen, die helfen, Nahrung zu verdauen. Außerdem braucht unser Mund Feuchtigkeit zum Kauen, Schlucken, Schmecken und auch zum Sprechen.

Jemanden anspucken

Warum finden wir Spucken so ekelhaft? In fast allen Kulturen ist es eine Beleidigung, jemanden anzuspucken. Das könnte mit Krankheitskeimen zu tun haben, die im Speichel transportiert werden. Wenn du jemanden anspuckst, verehrst du ihm alle möglichen Keime, die du in dir trägst.

Schon gewusst?

Leute sind kaum in der Lage, Wasser mit Spucke zu trinken, selbst wenn es ihre eigene ist.

Spuck's aus!

Wir finden es auch eklig zu sehen, wie jemand Nahrung ausspuckt oder in sein Getränk spuckt. Dabei ist es eine Instinkthandlung, schlechte oder gefährliche Lebensmittel auszuspucken, um sie loszuwerden. Deshalb wird dir vielleicht übel, wenn du jemanden spucken siehst.

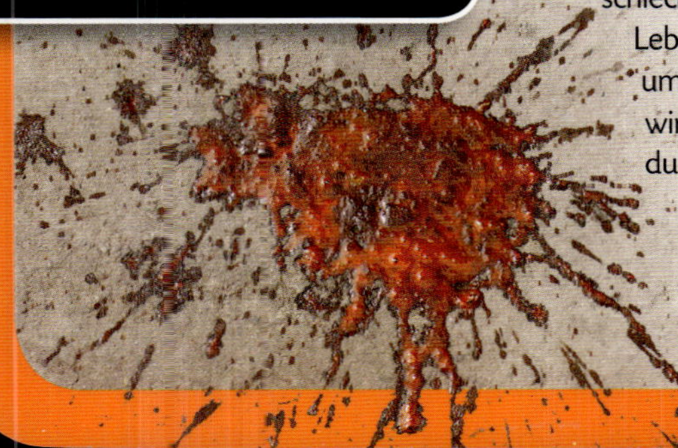

In Teilen Asiens ist es sehr beliebt, Betelnüsse und -blätter zu kauen und dann auszuspucken. Die Spucke ist leuchtend rot, du siehst sie überall am Boden.

Schwarzer Schimmel

Wenn du etwas Schwarzes, Kreisförmiges in der Dusche oder einem Keller wachsen siehst, ist es schwarzer Schimmel. Es sieht nicht nur eklig aus, sondern ist ungesund.

Feucht ist beliebt

Schwarzer Schimmel liebt feuchte Orte. Deshalb sieht man ihn in Kellern, Badezimmern oder auf Fensterbänken, wo sich das Kondenswasser sammelt, das an den Scheiben herabläuft. Dieser Schimmel wächst tief in Fugen, Mauerwerk und Putz hinein. Deshalb ist er schwer zu entfernen.

Ekel-Faktor

Gesundheitsschädlich, wie der oft harmlos wirkende Schimmel ist, hat er einen hohen Ekel-Faktor.

Tipp

Wische Flächen trocken und lüfte viel, so hältst du dein Zuhause schimmelfrei.

Ein widerlicher großer Schimmelfleck

Krank machende Sporen

Schimmel gehört zu den Pilzen und verbreitet sich wie diese über Sporen. Schimmelsporen können Allergien und Astma hervorrufen. Schimmel kann sogar tödliche Substanzen absondern. Dafür müsste aber dein ganzes Haus total verschimmelt sein.

Schon gewusst?

Manchmal setzen sich Schimmelsporen in Hals und Lunge fest und sammeln sich dort an.

Staub

Wie Staub aussieht, weiß jeder – aber auch aus der Nähe? Du wärst entsetzt, einige seiner völlig normalen Bestandteile zu entdecken.

Ekel-Faktor

Staub ist mit seinen vielen Bestandteilen ekliger, als er aussieht.

Da ist 'ne Menge drin!

Hausstaub enthält eine Menge »menschliche« Bestandteile wie Hautschüppchen, Haare, Schorf sowie Fuß- und Fingernägel. Dazu kommen die Haare von Haustieren, Teile von Krabbeltieren wie Fliegenaugen, Spinneneier, tote Hausstaubmilben und ihre Ausscheidungen.

Gefährlicher Staub

Staub kann schädlich sein. Oft enthält er Pollen, der bei manchen Menschen Heuschnupfen hervorrufen kann, und manchmal winzige schädliche Partikel aus alter Farbe oder Abgasen.

Schon gewusst?

Nase und Rachen sind innen mit klitzekleinen Haaren, den sogenannten Cilien, bedeckt. Wenn du Staub einatmest, befördern sie ihn mit wellenartigen Bewegungen wieder nach draußen.

Tipp

Staub mit einem trockenen Tuch wegzuwischen, ist sinnlos. Er wird nur hochgewirbelt und du atmest ihn ein. Nimm ein feuchtes Tuch.

Ein fieser Staubball aus menschlichen und tierischen Bestandteilen

Blähungen

Es gibt unhöflichere Dinge als Rülpser, pupsen ist eins davon. Beim Pupsen entweicht stinkendes Gas, meist mit einem verräterischen, lauten Geräusch.

Gas im Körper

Wie beim Rülpsen wird bei Blähungen Gas aus deinem Körper entfernt. Bevor es herauskommt, sammelt sich das Gas in deinem Darm.

Warum stinken Pupse?

Kohlensäure aus Getränken kann dich pupsen lassen. Weit häufiger aber wird das Gas erst in deinem Darm produziert, wenn Bakterien dein Essen, wie zum Beispiel Bohnen, aufspalten. Dabei entstehen Gase von oft unangenehmem Geruch.

Ekel-Faktor

Alle tun es – trotzdem ist es ganz schön eklig.

Wer war's? Pupse können grässlich stinken.

Schon gewusst?

Obwohl es als schlechtes Benehmen bewertet wird, ist Pupsen völlig normal. Jeder Mensch pupst – die meisten bis zu ungefähr einem halben Liter Gas täglich.

Tipp

Unter anderem verursachen Zwiebeln, Kohl, Linsen und Bohnen Blähungen.

Rülpser

In vielen Kulturen gilt Rülpsen als extrem unhöflich, besonders wenn du beim Essen einen lauten, riechenden Rülpser loslässt. In einigen Ländern aber, zum Beispiel in China oder Ghana, sind Rülpser erlaubt, weil sie zeigen, dass es dir schmeckt.

Ekel-Faktor

Ein Rülpser ist nicht schlimm, wenn du dich entschuldigst.

Gas will raus

Wir rülpsen, um im Magen eingeschlossene Gase loszuwerden. Manchmal gelangt Luft in den Magen, die wieder hinaussoll. Wenn du kohlensäurehaltige Getränke trinkst, musst du mehr aufstoßen. Das Rülpsgeräusch entsteht, weil das hochströmende Gas deine Speiseröhre oben vibrieren lässt.

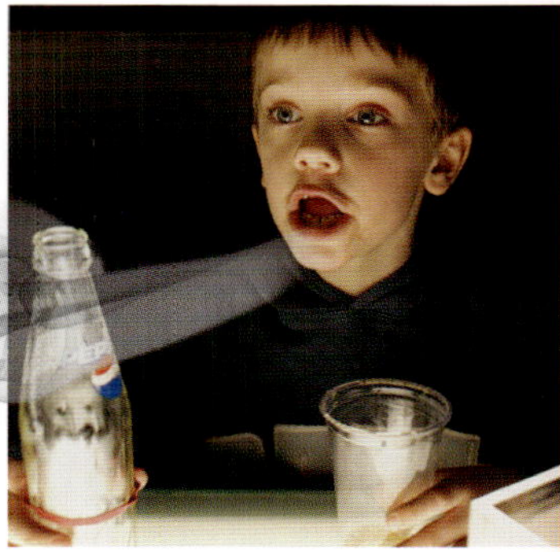

Ein sprudelndes Getränk schnell herunterzustürzen, garantiert lange und laute Rülpser.

Stinkende Rülpser

Im Magen der meisten Menschen riecht es nicht besonders gut. Das liegt an der Mischung aus zermatschtem Essen und Magensäure. Rülpser nehmen diesen ekligen Geruch oft mit nach draußen.

Schon gewusst?

2008 stellte der Brite Paul Hunn den Weltrekord für den lautesten Rülpser auf: mit 107 Dezibel so laut wie eine U-Bahn.

Tipp

Um Rülpser zu vermeiden, schlinge dein Essen nicht herunter, sondern iss langsam.

Schlaf in den Augen

Nach dem Aufwachen hast du morgens manchmal etwas Krustiges, Trockenes in den Augenwinkeln. Es hat viele Namen: Schlafsand, Mückchen oder eben einfach »Schlaf«. Was ist das eigentlich?

Ekel-Faktor

Ein kleines Schlafkrüstchen im Auge ist wirklich nicht sehr eklig.

Schlafsand

Deine Augen produzieren ständig kleine Mengen von Schleim und Tränen. Die werden – zusammen mit Staub, der in die Augen gerät – tagsüber durchs Blinzeln weggewischt. Nachts aber, wenn du deine Augen mehrere Stunden geschlossen hältst, sammelt sich diese Substanz in den Augenwinkeln und trocknet zu gelblich-bräunlichen, krustigen Klümpchen aus.

Der Sandmann

Die märchenhafte Idee, dass der Sandmann die Kinder abends besucht und ihnen zum Einschlafen und für schöne Träume Schlafsand in die Augen streut, kommt von den Resten »Schlaf«, die sich morgens im Auge finden.

Zu viel Schlaf!

Ein kleines bisschen »Schlaf« im Auge ist normal und gesund. Nur wenn er deine Augen morgens ganz verklebt und sie gerötet sind und jucken, könnte das eine Augenentzündung sein.

Hier streut der Sandmann Schlafsand.

Fast jeder hat morgens etwas »Schlaf« im Auge.

Ohrenschmalz

Auch wenn dein Ohrenschmalz komisch riecht und nicht gerade lecker ist, hat es eine sehr wichtige Funktion.

Schmalziger Reiniger

Ohrenschmalz wird von winzigen Drüsen in deinem Gehörgang produziert. Es schützt das innere Ohr vor Austrocknung sowie – durch spezielle Stoffe – vor Keimen und Schmutz. Ohne diesen Schutz würden wir schädliche und schmerzhafte Ohrentzündungen bekommen. Durch Kieferbewegungen beim Essen und Kauen wandert das Ohrenschmalz langsam nach außen.

Zwei Sorten

Menschen asiatischer und amerikanischer Herkunft haben meist ein eher graues, trockeneres, schuppigeres Ohrenschmalz als Europäer und Afrikaner, deren Ohrenschmalz klebriger, feuchter und braun oder gelb ist. Wenn du einmal Ohrenschmalz in den Mund bekommen hast, weißt du, wie bitter es schmeckt.

Ekel-Faktor

Im Vergleich zu anderen Körperausscheidungen ist Ohrenschmalz nicht schlimm.

Dieses Ohrenschmalz ist vom gelblich-klebrigen Typ.

Schon gewusst?

Wissenschaftler können das Alter eines Wals an der Anzahl seiner Ohrenschmalzlagen ablesen. (Wusstest du überhaupt, dass Wale Ohren haben?)

Tipp

Stecke nichts in deine Ohren, um Ohrenschmalz herauszuholen. Wenn sich zu viel angesammelt hat, geh zu einem Hals-Nasen-Ohren-Arzt, der es ausspülen kann!

Schleim

Normalerweise siehst du den Schleim aus deinem Körper nicht, weißt aber wahrscheinlich, wie er aussieht, weil du schon einmal krank warst. Es ist das zähflüssige, grünlich-gelbliche Zeug, das herauskommt, wenn du Husten oder eine Bronchitis hast.

Ekel-Faktor

So ein Klecks grüner Schleim dreht einem einfach den Magen um.

Immer da

Eine dünne Schicht klaren Schleims ummantelt immer deine Rachenwände und deine Bronchien. Dadurch werden Schmutzpartikelchen und Keime von der Lunge ferngehalten. Wenn du eine Brust- oder Racheninfektion hast, produziert dein Körper besonders dicken Schleim mit weißen Blutkörperchen darin, um Krankheitskeime zu bekämpfen. Winzige Moleküle in dem Schleim färben ihn gelb oder grün.

Warum so eklig?

Der Anblick eines zähen, wabbeligen Schleimkleckses ist für die meisten Menschen äußerst widerwärtig. Teilweise ist das so, weil Schleim einfach eklig aussieht. Außerdem nehmen wir instinktiv Reißaus vor Schleim, weil er dann auftritt, wenn Menschen krank sind, und wir angesteckt werden könnten.

Tipp

Milch und Milchprodukte machen Schleim dicker und ekliger. Iss und trink bei Erkältung nicht so viel davon.

Im Schleim lesen

Für Ärzte ist der Schleim, den ein Kranker aushustet, sehr hilfreich. Zum Beispiel kann Blut im Schleim auf eine ernste Lungenkrankheit namens Tuberkulose hinweisen.

Bei einer fetten Erkältung oder Grippe hustest du manchmal Schleim wie diesen aus.

Rotz

Rotz, Schnodder oder Popel – jeder mit einer Nase im Gesicht kennt das! Und es ist verführerisch, in der Nase zu bohren, um vertrockneten Rotz als Popel herauszuholen. Sieht dich aber jemand dabei, musst du mit einem »Igitt!« rechnen.

Wozu Rotz?

Rotz ist flüssiger Schleim, wie er auch an anderen Stellen deines Körpers produziert wird. Der Nasenschleim hält dein Naseninneres feucht und nimmt Keime und Schmutzteilchen auf, die nicht weiter in deinen Körper vordringen sollen. Rotz enthält auch keimtötende Substanzen. Popel sind getrockneter Rotz mit Bakterien, Staub, Pollen und Dreck darin.

Popel essen?

Sooo eklig ist es eigentlich nicht, Popel zu essen, da wir sowieso ständig kleine Mengen Rotz herunterschlucken, die uns hinten die Kehle herablaufen. Zu popeln und womöglich noch die Popel in den Mund zu stecken, gilt aber als widerlich. Dabei haben Befragungen ergeben, dass jeder mal in der Nase bohrt – wenn auch heimlich.

Natürlich ist es am wohlerzogendsten, ein Taschentuch zu benutzen.

Ekel-Faktor

Alle tun's! Dann kann Nasebohren doch gar nicht so eklig sein!

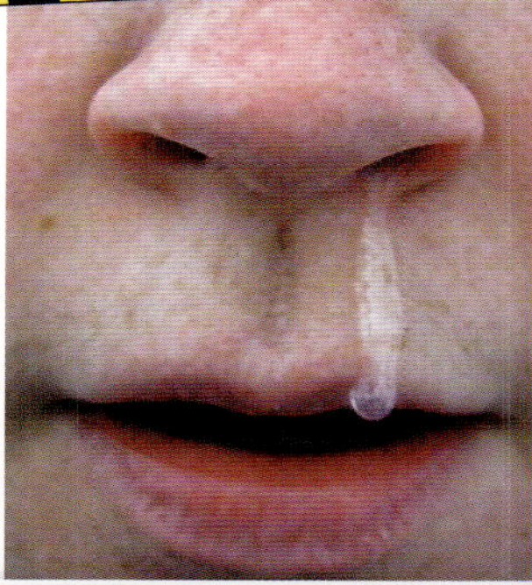

Tipp

Zu viel Nasebohren kann dein Naseninneres wund machen. Also: nicht zu oft popeln!

Schon gewusst?

Es ist wissenschaftlich erwiesen, dass Rotz und Popel zu essen nicht gesundheitsschädlich ist. Im Gegenteil helfen die enthaltenen Bakterien, vom Magen aus dein Immunsystem (Krankheitsabwehr) zu stärken.

Schleimaal

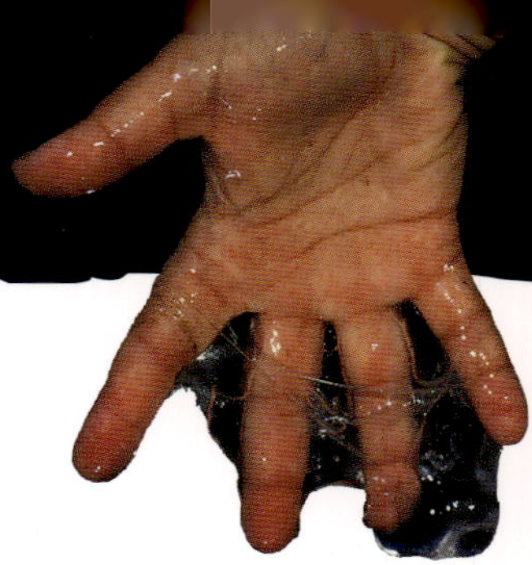

Dieser furchtlose Mensch hat seine Hand in Aal-Schleim getaucht, um zu zeigen, wie eklig und klebrig er ist.

Dieser schlangenartige Fisch ist das schleimigste Wesen auf der Welt. Wenn er sich angegriffen fühlt, sondert seine Haut eine klebrige Substanz ab, die sich mit Meerwasser zu Mengen von glitschigem Schleim verbindet und es seinen Feinden fast unmöglich macht, ihn festzuhalten.

Fleischfresser

Schleimaale, auch Inger genannt, sind Aasfresser. Sinkt ein toter Meeresbewohner wie z.B. ein Wal auf den Meeresboden, graben sich die Schleimaale fressend durch seinen Körper. Manchmal tun sie das auch bei lebendigen Meeresbewohnern. Manche großen Fische schwimmen mit Schleimaalen herum, die sich durch sie hindurchfressen.

Verknotet

Schleimaale können in ihren Körper einen Knoten machen und diesen an ihrem Leib auf und ab gleiten lassen. Das hilft ihnen, sich aus einem toten Tier oder aus dem Zugriff eines Fressfeindes zu befreien, aber auch, um ihren Körper von altem Schleim zu reinigen.

Ekel-Faktor

Fischer und Forscher berichten vom Schleimaal als dem widerlichsten Tier des Meeres. Wirklich keine liebenswerte Kreatur.

Ein Schleimaal hat scharfe Zähne, um sich durch Fleisch fressen zu können, und sensible Barteln zur Wahrnehmung der Umgebung.

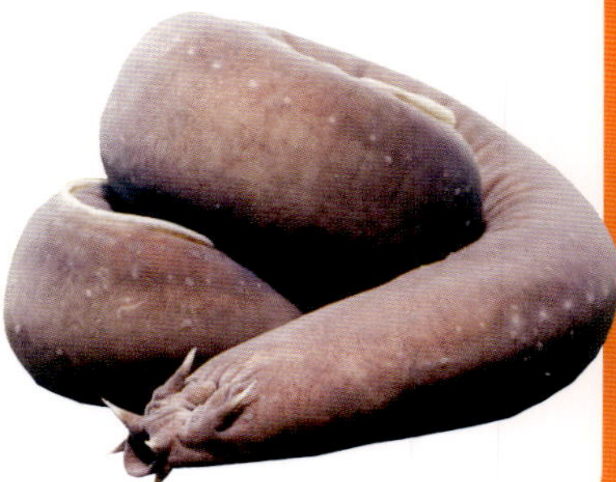

Blobfisch

Dieser Tiefseefisch tut nichts Widerliches. Er sieht nur unglaublich hässlich aus, wie eine knubbelige, großnasige Comicfigur.

Ekel-Faktor

Es wäre grausam, diesen merkwürdigen Fisch widerwärtig zu nennen. Er sieht einfach nur komisch aus!

Hühnerfisch

Der Blobfisch legt Eier in ein Nest am Meeresboden und bebrütet sie bis zum Schlüpfen – wie ein Huhn.

Wackelpudding

Der Körper des Blobfischs besteht aus einer merkwürdigen wabbeligen, geleeartigen Masse und weist so gut wie keine Muskeln auf.

Tiefseebewohner

Der Blobfisch lebt in Wassertiefen von um die 1000 m, weshalb er selten zu sehen und in seiner Lebensweise recht unbekannt ist. In diesen Tiefen herrscht ein enorm hoher Wasserdruck. Andere Tiere schwimmen mithilfe einer gasgefüllten Tasche, Schwimmblase genannt, weiter oben oder verhindern ihr Absinken in die Tiefe durch ständiges Schwimmen. Nicht so der Blobfisch. Sein geleeartiger Körper erlaubt es ihm, am Meeresboden entlangzutreiben. Er bewegt sich nicht schnell und jagt nicht – er frisst, was ihm vors Maul kommt.

Wenn Blobfische an die Meeresoberfläche kommen, dann nur in Schleppnetzen von Fischerbooten.

Große Wabenkröte

Die Große Wabenkröte lebt vorwiegend in Flüssen und Teichen Südamerikas. Ihre Art, Junge auf die Welt zu bringen, ist höchst außergewöhnlich, ein bisschen wie in einem Science-Fiction-Film.

Ekel-Faktor

Wenn die Jungkröten durch die Haut ihrer Mutter brechen, sieht das eklig und erschreckend aus.

Wie ein Blatt

Die Große Wabenkröte hat eine seltsame Körperform: Sie ist fast so flach wie ein Blatt.

Eiablage

Die weibliche Kröte legt ca. 100 Eier, die das Männchen nach der Eiablage sammelt und auf ihre Rückenhaut presst, wo sie kleben bleiben. In den nächsten Stunden sinken die Eier in den Rücken des Weibchens und Haut wächst darüber.

Jungtiere

In kleinen Taschen unter der Haut des Weibchens schlüpfen Kaulquappen aus den Eiern und wachsen. Dabei wachsen die Taschen zusammen, der Rücken der Mutter schwillt an und lässt eine Wabenstruktur erkennen. Nach wenigen Monaten brechen 2 cm große Jungkröten aus den Kammern aus und schwimmen sich frei. Meist schaffen sie es selbst auszuschlüpfen. Wenn sie zu schwach sind, hilft die Mutterkröte mit ihren Rückenmuskeln nach.

Auf dem Rücken dieses Weibchens wachsen die Jungen in Taschen unter seiner Haut heran.

Aga-Kröte

Kröten gelten aufgrund ihrer vorstehenden Augen und der warzigen Haut insgesamt als ziemlich eklig. Aber die Aga-Kröte – (bis zu 30 cm groß) hässlich und giftig, wie sie ist – hat sich tatsächlich mancherorts zum Albtraum entwickelt. Sie wurde z. B. in Australien zur Schädlingsbekämpfung eingeführt, bis sich herausstellte, dass sie nicht nur Schädlinge, sondern auch Nutz- und Haustiere vergiftet.

Warzig

Ein alter Aberglaube besagt, dass ein Mensch, der die warzige Haut einer Kröte berührt, ebenfalls Warzen bekommt. Blödsinn! Die Erhebungen auf dem Krötenrücken sind nicht einmal Warzen, sondern Drüsen, die z. B. Gift produzieren und ausstoßen, um die Kröte vor Fressfeinden zu schützen.

Tödliche Kröten

Aga-Kröten haben hinter den Augen zwei besonders große Drüsen, die bei einem Angriff eine giftige, milchig weiße Substanz absondern. Bei manchen Tieren und auch beim Menschen treten Vergiftungserscheinungen wie Speichelfluss auf, die bis zum Tod durch Herzstillstand führen können. Eier und Kaulquappen der Agas sind ebenfalls hochgiftig.

Hier wird gerade ein Frosch verspeist.

Ekel-Faktor

Eine Aga-Kröte in den Mund zu nehmen, ist eine abscheuliche Vorstellung. Aber als Mensch wird dir das wohl kaum passieren.

Schon gewusst?

Manche Hunde und andere Tiere lecken an Aga-Kröten, weil sie das Gift angenehm benommen macht. Das ist ungesund und gefährlich!

Tipp

Wenn dein Hund oder deine Katze eine Aga-Kröte beißt, solltest du das Maul sofort mit Wasser ausspülen und umgehend zum Tierarzt gehen.

Opossum

Opossums sind kleine, flauschige Säugetiere aus Amerika. Sie sehen ganz normal, nicht eklig aus. Wenn das Opossum sich aber angegriffen fühlt, ändert sich das, und mögliche Angreifer verlieren die Lust, einen Happen zu nehmen.

Ekel-Faktor

Das Verhalten der Opossums mag ja ekelhaft wirken, ist aber eine sehr listige und wirkungsvolle Verteidigungsmethode.

Schaum vorm Maul

Als ersten Trick produziert das Opossum Schaum vorm Maul, der es tödlich krank wirken lässt. Es sammelt dafür ein Maul voll Spucke und bläst daraus viele Miniblasen um Maul und Nase, sodass mancher Angreifer meint, es sei krank und liege im Sterben, und zurückschreckt.

Schon gewusst?

Opossums können einige Arten von Giftschlangen fressen. Das Gift schadet ihnen nicht.

Friss mich nicht, ich bin schon dabei zu vergammeln!

Sich tot stellen

Als noch wirksamere Verteidigung vor Fressfeinden stellt sich das Opossum tot. Es liegt still, lässt die Zunge aus dem Maul heraushängen und macht einen Haufen (was oft passiert, wenn Tiere sterben). Lecker!

Vergammelt wirken

Zum Schluss sondert das Opossum aus Analdrüsen an seinem Hinterteil einen grässlich stinkenden, grünlichen Schleim ab. Der riecht wie vergammelndes Fleisch, sodass es den Anschein hat, das Opossum sei schon mehrere Tage tot. Die meisten Fressfeinde beschließen dann, dass ihr Hunger vielleicht doch nicht so groß ist ...

Schakal

Stell dir vor, du sitzt hungrig am Tisch, und deine Mutter würgt etwas vorgekautes, altes Fleisch, das sie vorher verschlungen hatte, auf deinen Teller – oder direkt in deinen Mund! So füttern Schakale und auch andere Tierarten ihre Jungen. Für uns hört sich das widerwärtig an, für Schakale ist es sehr sinnvoll.

Was passiert da?

Schakale lassen ihre Jungen in einem Versteck, z.B. einem Erdloch, zurück, während sie auf die Jagd nach Ratten, Vögeln und anderer Beute gehen. Manchmal fressen sie auch an Kadavern von Tieren, die andere Jäger, z.B. Löwen, erbeutet haben.

Essenszeit

Dann kehren die Schakale mit vollem Magen zu ihren Jungen zurück, würgen den Mageninhalt hoch und füttern ihre Jungen damit. Es klingt eklig, aber dies stellt eine hervorragende Babynahrung dar: Das Fleisch ist matschig und weich. Auch wir Menschen verarbeiten schließlich Essen zu Brei für unsere Babys. Und die Schakaljungen können durch diese Methode in ihrer sicheren Höhle bleiben.

Ekel-Faktor

Wir finden Erbrochenes eklig, hochgewürgtes Futter ist aber für viele Tierjungen eine gute Ernährung.

Kein Einzelfall

Auch einige Vogelarten würgen für ihre Jungen Futter hoch: z.B. Geier, Möwen und auch Pinguine. Bei Pinguinen ist der vorverdaute Babybrei fischig.

Lecker! Eine Schakalmutter aus Kenia verschlingt eine Ratte, die sie später für ihre Jungen wieder hochwürgen wird.

Stinktier

Jeder Unglückliche, der jemals von einem Stinktier besprüht wurde, wird bestätigen, dass der Geruch zu den widerwärtigsten im ganzen Tierreich gehört. Die stinkende, ölige Flüssigkeit produziert das Stinktier in zwei Drüsen am Hinterteil. Zur Verteidigung beschießt das Stinktier jeden, der es erschreckt, mit dieser übel riechenden Schmiere. Mit Erfolg: Auch größere Tiere lassen sich so vertreiben.

Ekel-Faktor

Stinktiergeruch ist so ziemlich der übelste Gestank der Welt.

Schon gewusst?

Aus Kleidung oder anderen Dingen, die von einem Stinktier getroffen wurden, lässt sich der Gestank kaum herauswaschen.

Wonach stinkt es denn?

Der Gestank des Stinktiersprays erinnert an eine Mischung aus faulen Eiern, verbranntem Plastik, Knoblauch und Abwasserkanal. Nicht nur der Geruch ist grässlich – dir tränen auch die Augen und du musst würgen oder dich erbrechen.

Stinkgeschoss

Ein Stinktier kann dich auch aus einiger Entfernung treffen. Durch starke Muskeln um die Drüsen herum hat es eine Reichweite von bis zu 5 m. Es achtet gerissenerweise sorgfältig darauf, dass es selbst nichts abbekommt!

Unmittelbar bevor ein Stinktier einen ansprüht, stampft es oft zur Warnung mit den Pfoten oder streckt den Schwanz steil in die Luft.

Flusspferd

Wahrscheinlich ist für dich das Flusspferd ein unschuldiges, tapsiges Tier. Nicht gerade hübsch, aber auf keinen Fall eklig. Dabei haben die Flusspferde so viele widerliche Angewohnheiten, dass man gar nicht weiß, wo man anfangen soll.

Ekel-Faktor

Kot verschleudern, Weitpinkeln und Rülpsen: Es gibt angenehmere Gesellschaft als Flusspferde.

Mundgeruch

Flusspferde sind berüchtigt für ihren stinkenden Atem. Wie Kühe vertilgen sie viel Grünzeug, das in ihren Mägen zersetzt wird und stinkende Gase produziert. Männliche Tiere haben außerdem von Rivalenkämpfen oft kaputte Zähne: Das führt zu Mundgeruch und stinkenden Rülpsern.

Tipp

Flusspferde verschleudern nicht nur ihren Kot, sondern pinkeln auch nach hinten weg. Stell dich also besser nie hinter ein Flusspferd.

Kotschleuder

Es kommt noch schlimmer: Männliche Flusspferde lassen ihre Schwänze kreisen, während sie kacken, um ihren Kot so weit wie möglich zu verspritzen. Die Forscher wissen nicht, warum – möglicherweise markieren die Tiere so ihr Revier, oder sie warnen damit Artgenossen, dass sie wütend und angriffslustig sind.

Blutschweiß

Die alten Griechen dachten, Flusspferde schwitzen Blut aus, weil sich auf ihrer Haut rote Tröpfchen einer klebrigen Flüssigkeit befinden. Das ist aber kein Blut, sondern eine Substanz, die als Keim- und Sonnenschutz für die Haut dient.

Wacholderdrossel

Es geht um einen harmlos wirkenden, braun gesprenkelten Singvogel in Parks und Gärten, der sich verwandelt, sobald du seinem Gelege zu nahe kommst: Eindringlinge, die seine Eier stehlen könnten, verscheucht er mit einem Schwall schleimigen Vogelkots, den er über sie spritzt.

Ekel-Faktor

Vogelkot ist klebrig und schleimig und kann Krankheitskeime enthalten. Finger weg davon!

Schutzzone für alle

Kleinere Vögel wissen offensichtlich über die Verteidigungstaktik der Wacholderdrossel Bescheid und bauen ihre Nester in der Nähe. So sind auch ihre Eier sicherer vor Nesträubern.

Weg von meinen Eiern!

Vogeleier sind ein Leckerbissen für andere Tiere wie größere Vögel, Schlangen und Eichhörnchen. Diese Tiere lungern in Nestnähe herum, um im entscheidenden Moment zum Zuge zu kommen. Wenn die Wacholderdrossel dies bemerkt, fliegt sie im Sturzflug auf den Feind zu, richtet in letzter Sekunde ihr Hinterteil auf ihn und schießt ihren Kot ab.

Krähenbombe

Die Kotverteidigung wirkt am besten gegen andere Vögel wie Krähen. Wie das Öl des Eissturmvogels verklebt der Kot der Drossel das Gefieder und führt zur Flugunfähigkeit. Weniger wirkungsvoll ist er bei vierbeinigen Jägern wie Mardern.

Das Drosselweibchen wird seine Jungen grimmig verteidigen.

Vampirfledermaus

Du denkst, blutsaugende Fledermäuse, die in dein Bett kriechen, gibt es nur in Horrorfilmen? Falsch gedacht. Ihre häufigste Nahrungsquelle sind zwar Tiere wie Kühe und Ziegen, aber die Vampirfledermaus verschmäht auch menschliches Blut nicht.

Leise anschleichen

Um zu verhindern, dass du aufwachst, landet eine Fledermaus in einiger Entfernung und pirscht sich langsam an. Dazu benutzt sie ihre zusammengeklappten Flügel als Füße.

Rasiermesserscharf

Bei dir angekommen, ritzt die Fledermaus deine Haut mit einem Reißzahn auf. Du spürst nichts, weil sie betäubenden Speichel besitzt. Wenn dein Blut gerinnt, schlürft sie es auf.

Tipp

In Süd- und Mittelamerika solltest du mit Vampirfledermäusen rechnen. Schließe nachts Türen und Fenster und schlafe unter einem Moskitonetz.

Ekel-Faktor

Blutsauger sind ganz schön widerlich – und furchteinflößend.

Schon gewusst?

Meist frisst die Fledermaus so viel, dass sie zu schwer zum Fliegen wird. Also wartet sie ein bisschen, verdaut ein wenig und macht sich etwas leichter, indem sie eine große Pfütze Urin hinterlässt.

Tollwutgefahr

Ein Vampirfledermausbiss ist harmlos – es sei denn, der Blutsauger überträgt die Tollwut. Diese schlimme und tödliche Krankheit bewirkt unter anderem, dass du Schaum vor dem Mund hast.

Eissturmvogel

Du könntest dich eines Tages auf windumtosten Klippen wiederfinden, um Seevögel in ihren Nestern zu fotografieren. Ganz oben siehst du ein flauschiges weißes Eissturmvogel-Junges. Wie niedlich! Plötzlich spuckt dir das Küken seinen schleimig-öligen Mageninhalt direkt in die Augen …

Ekel-Faktor

Das herausgespuckte, stinkende Öl macht das Eissturmvogel-Küken zu einem der ekligsten Vögel weltweit.

Eklige Verteidigung

Eissturmvögel legen nur ein Ei und lassen das geschlüpfte Küken allein, um fischen zu gehen. Die Jungen nutzen ihre Fähigkeit, übel riechendes Hochgewürgtes auszuspucken, dazu, sich vor Angreifern zu schützen, während die Eltern weg sind.

Gefiederzerstörer

Die hochgewürgte Substanz besteht meist aus einem zähen, matschigen Öl, das sich in den Mägen von Seevögeln sammelt, nachdem sie Fisch gefressen haben. Es stinkt nicht nur, sondern verklebt auch das Gefieder von angreifenden Vögeln wie Adlern oder Raubmöwen so stark, dass sie manchmal nicht mehr fliegen können. Das kann tödlich sein.

Scharfschützen

Junge Eissturmvögel können ihren Mageninhalt mit 2–3 m ziemlich weit und sehr zielgenau in die Augen eines Eindringlings spucken.

Hier hat die Kamera das herausgespiene Öl im Flug aus der Kehle des Jungvogels eingefangen.

Geier

In Comics kreisen Geier über Menschen am Himmel, die in der Wüste herumirren. Sie warten auf deren Tod, um dann herabzustoßen und sie zu fressen. Stimmt das? Nur, dass Geier auf Nahrungssuche umherkreisen. Sie sind eben Aasfresser, die sich von Kadavern ernähren, also von verwesenden Tierkörpern. Sie können Aas aus großer Höhe erspähen und riechen.

Ekel-Faktor

Kadaver zu essen, klingt ekelhaft. Aasfresser sind aber nützlich, weil sie verrottendes Fleisch mit seinen Krankheitskeimen vernichten.

Vollgefressen

Geier leben oft in Wüstengebieten und können sehr lange ohne Nahrung überleben. Wenn sie einen verwesenden Körper finden, schlagen sie sich den Bauch so voll, dass sie nicht mehr fliegen können. Dann müssen sie am Boden sitzen bleiben und warten, bis alles verdaut ist.

Widerstandsfähig

Verwesendes Fleisch enthält Bakterien, die Menschen und andere Tiere todkrank machen. Warum die Aasfresser nicht? Ihre stabilen Mägen werden von diesen Keimen nicht angegriffen. Sie sterben nur manchmal, wenn sie Kadaver von Nutztieren fressen, die mit Medikamenten behandelt wurden – diese sind Gift für die Geier.

Schon gewusst?

Auf alten Bildern sind manchmal Geier zu sehen, die sich in der Nähe eines Schlachtfelds zusammenrotten.

Zahnbelag

1683 beschrieb der Niederländer Antoni van Leeuwenhoek, der ein einfaches Mikroskop erfunden hatte, wie er damit seinen eigenen Zahnbelag angeschaut hat. Zu seiner Überraschung sah er »viele, sehr kleine lebende Tierchen, hübsch in Bewegung«.

Was ist Zahnbelag?

Zahnbelag ist eine schleimige Substanz, die sich über deine ganzen Zähne legt, wenn du sie nicht genug putzt. Tatsächlich besteht die Plaque, wie er auch heißt, aus Millionen von winzigen Bakterien (van Leeuwenhoek nannte sie Tierchen), die sich von Speiseresten, speziell Süßem, auf deinen Zähnen ernähren.

Angriff auf den Zahn

Viele der Bakterien in der Plaque sind ganz natürlich und normalerweise harmlos. Wenn du aber einen dicken Zahnbelag wachsen lässt, scheiden die Bakterien eine Art Säure aus. Diese Säure frisst deine Zähne an und ruft Karies hervor.

Ekel-Faktor

Zahnbelag ist zwar abstoßend, aber durch zweimaliges Zähneputzen am Tag leicht zu entfernen.

Zahnbelag mit Bakterien, stark vergrößert unter dem Mikroskop

Tipp

Schlicht und ergreifend: Um Zahnbelag zu vermeiden, musst du regelmäßig Zähne putzen und Zahnseide benutzen. Süßes, zuckerreiches Essen zu reduzieren, hilft auch.

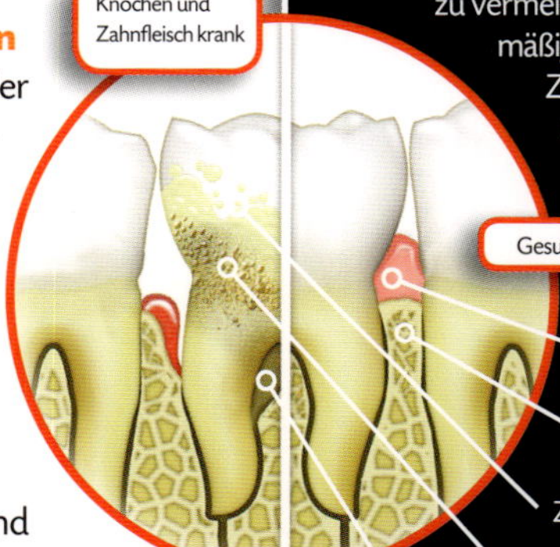

Zahnbelag schädigt das Zahnfleisch und die Kieferknochen.

Kariës

Wenn du deine Zähne nicht durch gründliches Putzen vor Zahnbelag schützt, bildet sich Karies. Deine Zähne können dann regelrecht verrotten und zu schwärzlichen, schmerzhaften und übel riechenden Stummeln werden.

Ekel-Faktor

Unbehandelt können sich Zähne mit Karies wirklich eklig entwickeln.

Wie kommt das?

Deine Zähne sind von einer unglaublich harten Substanz überzogen, die Zahnschmelz heißt. Der Schmelz schützt den Zahn vor Beschädigung und lässt dich sehr harte Dinge wie Nüsse kauen, ohne dass der Zahn kaputtgeht. Nur den Bakterien im Zahnbelag gegenüber ist er machtlos – die lösen ihn langsam auf.

Eroberung

Ist erst einmal ein Loch im Zahnschmelz, dringen die Bakterien in den weicheren Innenteil des Zahnes vor und lassen ihn langsam faulen. Er verfärbt sich bräunlich schwarz. Der Zahnarzt kann die Kariesstelle wegbohren und eine Füllung an der Stelle einsetzen.

Schon gewusst?

Piraten hatten oft schlechte Zähne. Nicht nur, dass sie sie nicht geputzt haben. Sie hatten oft auch noch Skorbut, eine Krankheit, die entsteht, wenn man kein frisches Obst und Gemüse isst, und das Zahnfleisch zerstört, sodass die Zähne locker werden.

Blutegel

Wenn du dich im Wasser aufhältst, kann es schon einmal passieren, dass sich ein bein- und knochenloser, wurmartiger Blutegel an dir festsaugt.

Aderlass

Im Mittelalter wurden Blutegel eingesetzt, um Krankheiten zu heilen. Man glaubte, viele Gebrechen würden durch zu viel Blut verursacht. Die Blutegel wurden dann absichtlich auf die Körper gesetzt, um Blut zu saugen. Auch heute noch wird das von manchen Ärzten praktiziert.

Blutsauger

Blutegel saugen sich an deiner Haut fest und ritzen sie mit ihrem nadelartigen Maul oder ihren scharfen Zähnchen auf. Sie saugen sich voll mit deinem Blut. Es kann bis zu 20 Minuten dauern, bis sie wieder abfallen. Von den über 600 Arten ernähren sich aber nur wenige von menschlichem Blut. Die meisten fressen andere Tiere wie Wasserwürmer.

Ekel-Faktor

Natürlich ist ein glitschiges Wesen, das sich festsaugt und dein Blut trinkt, kein Lieblings-Haustier.

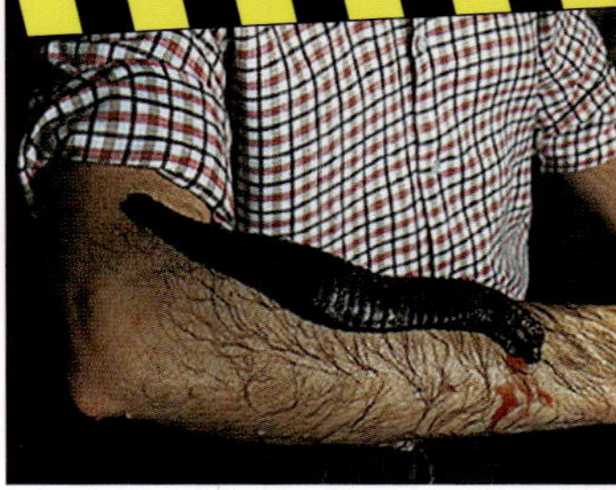

Da der Blutegel die Stelle, wo er sich festsaugt, betäubt, spürst du ihn nicht. Außer du berührst ihn.

Blutegel können kleine Wesen von gerade mal 1 cm Länge sein oder wie diese Art vom Amazonas mehr als 30 cm lang werden.

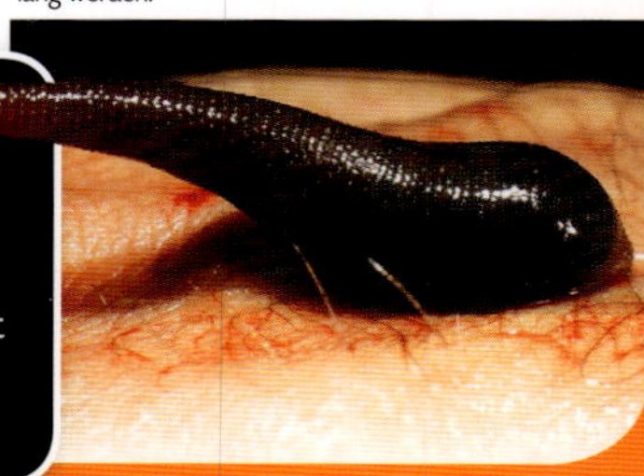

Tipp

Der beste Weg, um einen Egel wieder loszuwerden, ist, einen Fingernagel vorsichtig unter ihn zu schieben, um die Saugnäpfe zu lösen. Quetsche oder verbrenne ihn niemals und spieße ihn auch nicht auf: Er könnte seinen Mageninhalt erbrechen und dich mit Keimen infizieren.

Mücke

Ekel-Faktor

Mücken können gefährlich sein, wirken aber nicht sehr eklig.

Die Mücke ist wohl das bekannteste blutsaugende Tier. Diese zarten Insekten verursachen quälend juckende Stellen, wenn sie dich stechen. Schlimmer noch: Sie verbreiten gefährliche Krankheiten wie Gelbfieber und Malaria.

Nadelkopf

Wenn eine Mücke dich sticht, durchdringt sie deine Haut mit ihrem nadelartig verlängerten Mundwerkzeug, das (Stech-)Rüssel genannt wird. Sofort spritzt sie eine Chemikalie ein, die den Blutfluss garantiert, indem sie die Gerinnung verhindert. Dann saugt sie Blut wie aus einem Strohhalm. Währenddessen färbt sich ihr durchscheinender Körper von deinem Blut rot.

Blutrünstige Bestien?

Überraschenderweise saugen Mücken gar nicht so häufig Blut. Die Larven, die im Wasser leben, ernähren sich von Plankton und die Erwachsenen von Nektar und Früchten. Nur die Weibchen saugen Blut, wenn sie bestimmte Nährstoffe brauchen, um Eier zu legen.

Schon gewusst?

Vermutlich haben von Mücken übertragene Krankheiten mehr Menschen getötet als alle anderen Todesursachen, einschließlich Kriegen, Angriffen durch größere Tiere und aller anderen Krankheiten.

Tipp

Du kannst dich vor Mückenstichen schützen, indem du unter einem Moskitonetz schläfst oder deine Haut mit einer mückenabwehrenden Lotion einreibst. In Ländern mit Malaria kann man zusätzlich spezielle Tabletten zur Vorbeugung einnehmen.

Zecke

Du kommst von draußen und bemerkst ein kleines Etwas an deinem Bein. Eine Zecke! Wie Läuse, Mücken und anderes Kleingetier lieben es Zecken, dich zu beißen und dein Blut aufzusaugen. An Zecken ist die Art und Weise besonders eklig, wie sie sich festbeißen, während sich ihr Körper langsam mit Blut füllt.

Ekel-Faktor

Blutsaugende Zecken sind nicht nur eklig, sondern können vor allem gefährliche Krankheiten übertragen.

Schon gewusst?

Zecken können Krankheiten übertragen, wie z.B. Borreliose, die dich schrecklich müde macht und heftige Schmerzen verursacht.

Tipp

Um eine Zecke loszuwerden, fasse sie vorsichtig mit einer Pinzette oder einer Zeckenzange am Kopf. Quetsche oder verbrenne ihren Körper nicht: Das macht ihren Stich gefährlicher für dich.

Wie findet eine Zecke dich?

Zecken leben im hohen Gras und im Gebüsch, und sie lassen sich von dir abstreifen, wenn du vorbeikommst. Sie ernähren sich von Tierblut, z.B. von Hunden oder Rehen. Zecken erspüren einen Wirt (also den »Blutspender«) an der Körperwärme oder am Atem. Dann krabbeln sie auf ihn.

Auftankstation

Als Nächstes sucht sich die Zecke nackte Haut und gräbt einen Großteil ihres Kopfes hinein. Es kann Stunden oder sogar Tage dauern, bis sie sich vollgesaugt hat.

Diese Zecke wird immer fetter, während sie sich mit Blut füllt.

Floh

Anders als andere Parasiten (Lebewesen, die auf, in oder von anderen Lebewesen leben) kannst du einen Floh sehen, wie er mit unglaublicher Sprungkraft von einem Menschen oder von deinem Haustier auf dich hüpft. Die Bisse dieser Insekten jucken fürchterlich.

Mit seinen starken Hinterbeinen springt ein Floh 200-mal so weit, wie er lang ist.

Die Pest

Flöhe auf Ratten waren in früheren Zeiten für die Verbreitung der tödlichen Beulenpest verantwortlich. Heute kann die Pest behandelt werden, in der Vergangenheit aber tötete sie über 200 Mio. Menschen.

Ekel-Faktor

Ein Flohbefall ist natürlich ein Problem, aber Flöhe sind eher lästig als wirklich abstoßend.

Überall Eier

Flöhe hüpfen auf Menschen und Tieren herum, machen es sich aber auch in Teppichen, Betten, Polstern und Tierkörbchen gemütlich. Ihre Eier liegen in staubigen Ecken oder Bettzeug und die ausgeschlüpften Larven ernähren sich von abgestorbener Haut und Krümeln. Nur ausgewachsene Flöhe hüpfen auf dich, um Blut zu trinken. Deshalb wird man sie schwer los: Das ganze Haus muss »entfloht« werden.

Juckende Bisse

Beim Biss kommt auch die Flohspucke in die Bissstelle, was Jucken und Rötungen, manchmal sogar Allergien hervorruft.

Ein Floh, stark vergrößert

Haarbalgmilbe

Stell dir vor, ein winziges Krabbeltier lebt in den Wurzeln deiner Wimpern. Eklig, oder? Es ist aber viel normaler, als du denkst: Viele Kinder und mehr als die Hälfte aller Erwachsenen haben Haarbalgmilben – warum also nicht auch du?

An Wimpern und Augenbrauen

Milben sind mit Spinnen verwandt, Haarbalgmilben haben allerdings eine wurmartige Form und acht winzige Beine. Sie leben da, wo zum Beispiel die Wimpern aus der Haut kommen: Haarbalg oder Haarfollikel nennt man diese Stelle. Sie können auch herauskommen und speziell nachts herumkrabbeln. Die Milben leben auch in Augenbrauen und ernähren sich von abgestorbener Haut und Talg (das Zeug, das Haare und Haut fettig macht).

Ekel-Faktor

😝😝😝

Haarbalgmilben sind harmlos. Steigere dich nicht in den Gedanken hinein, dass sie eklig sind.

Tipp

Haarbalgmilben loszuwerden, ist äußerst schwierig. Sie kommen immer wieder. Kümmere dich am besten gar nicht um sie.

Unsichtbare Milben

Diese Milben sind unvorstellbar winzig: kleiner als einen halben Millimeter, sodass du sie im Spiegel nicht erkennen kannst. Wenn du allerdings ausgefallene Wimpern unter dem Mikroskop betrachtest, könntest du welche entdecken.

Eine Haarbalgmilbe unter dem Mikroskop. Ihr Hinterteil ist im Haarfollikel verankert.

Im Alter

Je älter du wirst, umso größer ist die Wahrscheinlichkeit, dass du Haarbalgmilben bekommst. Sie wechseln von einem zum anderen, wenn Gesichter sich berühren.

Kopflaus

Von den vielen ekligen Lebewesen in diesem Buch ist die Kopflaus eines, dem du bestimmt schon am nächsten warst. Kopfläuse verbringen ihr ganzes Leben auf Menschenköpfen, sehr oft auf denen von Kindern. Sie ernähren sich, indem sie in deine Kopfhaut beißen und dein Blut saugen, was wahnsinnig juckt. Meist juckt es schon, wenn man nur daran denkt ...

Ekel-Faktor

Juckende Kopfläuse sind bestimmt lästig – aber kein Beinbruch.

Kopflauseier – Nissen genannt – kleben an den Haaren.

Schon gewusst?

Wissenschaftler haben herausgefunden, dass Läuse bevorzugt in Mädchenhaaren leben.

Anhänglich!

Kopfläuse können weder fliegen noch hüpfen. Mit ihren krummen Beinen können sie nicht einmal besonders gut laufen. Also bleiben sie am liebsten auf deinem Kopf und legen Eier, aus denen neue Läuse schlüpfen. Du musst schon deinen Kopf mit einer anderen Person zusammenstecken, damit sie weiterwandern.

Nissen

Die Kopflauseier nennt man Nissen. Die Weibchen kleben die einzelnen Nissen mit einem speziellen Kleber nahe der Haarwurzel an ein Haar. Sobald die Larven geschlüpft sind, beginnen sie, dich zu beißen und dein Blut zu schlürfen. Beim Beißen spritzen sie eine Chemikalie in die Bissstelle, die die Blutgerinnung und die Schorfbildung verhindert.

Tipp

Du wirst die Kopfläuse schnell los, wenn du die Nissen sorgsam auskämmst und dein Haar mit einem Spezial-Läuseshampoo wäschst.

Tentakelpilz

Wenn du an Pilze denkst, dann gewiss nicht an so einen! Dieser bizarre Pilz mit seinen roten Tentakeln ist mit ekligem braunem Schleim überzogen und trägt den wissenschaftlichen Namen Aseroë rubra, was übersetzt die Wörter »widerlich« und »rot« enthält.

Der Pilz hat bis zu 16 schleimige Tentakel.

Tipp

Iss diesen Pilz unter keinen Umständen und halte Haustiere von ihm fern! Er ist giftig und es sind schon Hunde daran gestorben.

Ekel-Faktor

Stinkend, schleimig und hässlich – der ekligste Pilz der Welt!

Schleimige Sporen

Wie einige Stinkblumen, riecht auch der Tentakelpilz nach verwesendem Fleisch, um Fliegen anzulocken. Wenn sie auf dem Pilz landen, bleibt an ihnen dunkle Schmiere kleben, die Sporen – also sozusagen die Samen des Pilzes – enthält. Beim Weiterfliegen verteilen sie die Sporen und neue Pilze wachsen.

Seestern oder Wunde?

Die Rotfärbung und die Arme des Pilzes lassen an Seesterne denken. Wissenschaftler haben aber eine viel ekligere Erklärung für die rote Farbe: Wahrscheinlich sollen Fliegen durch die Ähnlichkeit mit der blutenden Wunde eines Tieres angelockt werden, denn dort hinein legen einige Fliegen gern ihre Eier.

Unterwegs in Blumenerde

Zu Hause ist der Pilz in Australien und auf den pazifischen Inseln. Manchmal gehen die Sporen aber auf Reisen – meist mit Topfpflanzen –, sodass der Pilz überall auf der Welt auftauchen kann.

Stinkmorchel

Schon der Name »Stinkmorchel« sagt dir etwas über diesen ekelhaften Pilz. Er hat einen langen, weißen Stiel mit einer herabgezogenen grünlichen Kappe, die mit stinkendem Sporenschleim bedeckt ist. Er riecht stark nach Aas oder manchmal nach Tierkot, um Fliegen anzulocken, die die Sporen verbreiten sollen.

Ekel-Faktor

Ein unappetitlicher Pilz, der aber nicht wenige Bewunderer hat

Stinkig, aber genießbar

Die Stinkmorchel ist nicht giftig und manche Leute essen sogar die »Eier«. Sie galt einst als Heilmittel gegen vielerlei Beschwerden, von Gelenkschmerzen bis Krebs.

Erst riechen, dann sehen

Die fliegenumbrummten Stinkmorcheln wachsen in Europa und Nordamerika in Wäldern und Gärten. Für gewöhnlich riechst du sie schon, bevor du sie siehst: ein süßlich-ekliger Geruch, von dem einem schlecht werden kann.

Für Fliegen ist der Geruch unwiderstehlich.

Hexeneier

Wenn der Pilz aus dem Boden kommt, steckt er im Inneren einer eiartigen Kugel, aus der er dann ausbricht. Obwohl es sich nicht um wirkliche Eier handelt, werden die geheimnisvoll auftauchenden Kugeln »Hexeneier« genannt.

Schleimpilz

Über Nacht erscheint eine eklige, glibberige Masse auf eurem Rasen. Sie sieht aus wie aus einem Horrorfilm. Tatsächlich hat man spekuliert, wo diese bizarren Klumpen herkommen. Man gab ihnen Namen wie »Drachendreck« oder »Sternengelee« und dachte, Ufos hätten sie gebracht. Die Wahrheit ist weniger aufregend: Der Glibber ist etwas ganz Natürliches und wird Schleimpilz genannt.

Ekel-Faktor

Ein Geleeklumpen mit eigenem Willen – keine schöne Vorstellung!

Tipp

Schleimpilze kannst du einfach mit einem Gartenschlauch wegspritzen.

Zellmasse

Es ist schwer zu erklären, was ein Schleimpilz wirklich ist: weder Pflanze noch Tier und auch kein echter Pilz. Vielmehr besteht er aus einer Ansammlung von einzelligen Lebewesen, die Eigenschaften von Tieren, aber auch von Pilzen haben. Sie existieren normalerweise einzeln, können sich aber zu großen, wabbeligen Zellklumpen zusammenschließen.

Gesteuerte Bewegung

Umso unangenehmer ist der Gedanke, dass diese Zellen, sobald sie zusammengeschlossen sind, wie ein Einzellebewesen handeln können. Der ganze Glibberhaufen kann sich z.B. auf Nahrungssuche durch die Gegend bewegen.

Kein außerirdisches Schleimmonster, sondern ein Schleimpilz

Aus eins mach zwei

Trennt man einen Schleimpilz durch, entstehen zwei – genauso kann man zwei von ihm zu einem größeren zusammenfügen.

Algenteppich

Ein Teich ist ein schöner und anziehender Punkt in jedem Park – bis er mit einem grünlichen, schleimig-schaumigen Algenteppich überzogen ist. Der sieht nicht nur eklig aus, sondern nimmt auch den anderen Pflanzen das Licht zum Wachsen. Ganz schlimm ist es, wenn du eine Ladung davon abbekommst, die jemand mit einem Stock zu dir hinschleudert.

Teppich woraus?

Der schleimige Teppich auf Teichen und anderen stehenden Gewässern sieht wie eine einzige große Pflanze aus, besteht aber aus Abermillionen winziger Pflanzen, nämlich einzelligen Algen.

Ekel-Faktor

So ein Algenteppich ist zwar eklig, kann dir aber nichts anhaben.

Schleiminvasion

Das Zusammenleben in Gruppen scheint das Algenwachstum enorm zu beschleunigen. Sie können in kürzester Zeit einen ganzen Teich bedecken.

Koloniebildung

Einige Wasseralgen schwimmen für sich allein. Viele Arten aber schließen sich zu Kolonien zusammen, was dann wie ein Teppich wirkt. Die einzelnen Zellen sind von klebrigem Schleim umgeben, weshalb der Algenteppich dann insgesamt so glitschig und widerlich aussieht.

Tipp

Gärtner hassen Algenteppiche auf ihren Teichen und bekämpfen sie häufig mit algenabtötenden Chemikalien. Es ist aber einfacher und umweltfreundlicher, den Algenschlick mit einem Rechen herauszufischen.

Wehe, du bewirfst mich damit! Der schleimige Algenteppich sieht eklig aus und fühlt sich auch so an.

Heuschreckenbaum

Im Englischen heißt der Heuschreckenbaum aus gutem Grund »Stinkezehen-Baum«: Nicht nur, dass er Teile hat, die tatsächlich wie knubbelige, dicke Zehen aussehen, sie riechen auch so! Genauer gesagt: wie die stinkigsten Zehen, die du jemals vor die Nase bekommen hast, oder wie alte, ungewaschene Socken.

Ekel-Faktor

Nase zuhalten, und der stinkige Zeh wird zum leckeren Happen!

Nützlich

Ein getrocknetes Harz namens Copal wird unter anderem vom Heuschreckenbaum gewonnen und als Räucherwerk benutzt, aber auch als Abdichtung für Zahnfüllungen.

Dieser Heuschreckenbaum lädt ein zu einem etwas stinkigen, aber leckeren Snack.

Zehen-Schote

Diese »Zehen« sind die Früchte des Baums: bräunliche Samenschoten, so groß wie dicke Kartoffeln. Sie wachsen in Gruppen und stehen wie eine Reihe Zehen an einem Fuß nebeneinander. Im Inneren der Schote ist der Samen, der von einer pudrigen Substanz umgeben ist. Diese stinkt nach Käsefüßen. Beim Öffnen breitet sich der Gestank aus.

Stinkefuß-Snack

Überraschenderweise ist die Frucht trotz des Gestanks eine Delikatesse in der Karibik, wo der Heuschreckenbaum wächst. Sie soll süß und köstlich schmecken, leider aber üblen Mundgeruch verursachen.

Spritzgurke

Sei vorsichtig in der Nähe dieser Pflanze, sie könnte dich auch aus einiger Entfernung mit einem Strahl schleimiger, geleeartiger Schmiere samt ihren Samen bespritzen.

Samenschleuder

Die Spritzgurke ist eine Kletterpflanze aus der Familie der Kürbisgewächse mit haarigen, ovalen Früchten. Wenn die Frucht wächst und reif wird, steigt der Druck im Inneren, bis schließlich in einer Art Explosion ihr schleimiges Innenleben nach außen geschleudert wird. Dies geschieht nicht, um dich zu treffen, sondern um den Samen möglichst weit zu schleudern und ihm somit gute Möglichkeiten zum Wachsen zu geben.

Hochleistung!

Beim ersten »Schuss« fliegt die Spritzgurken-Schmiere mit 95 km/h bis zu 7 Meter weit.

Ekel-Faktor

Mit schleimigem Gurkensamen bespritzt zu werden, ist nicht angenehm.

Schon gewusst?

Obwohl mit der essbaren Gurke verwandt, die sie im Namen trägt, ist die Spritzgurke giftig. Wenn du also etwas davon in den Mund bekommst, spuck es sofort aus!

Diese reife Spritzgurkenfrucht wird in Kürze ihren Samen wegschleudern.

Tipp

Hände weg von der Spritzgurke, auch wenn du sie gern »auslösen« würdest. Schon beim Anfassen kann sie giftig wirken.

Venusfliegenfalle

Fleischfressende Pflanzen: Das klingt irgendwie nach Science-Fiction-Filmen. Venusfliegenfallen aber sind Realität. Sie fressen nicht nur Insekten oder andere Tiere, sondern fangen sie mit ihren dornenbewehrten Fangblättern regelrecht ein.

Ekel-Faktor

Die Vorstellung von fleischfressenden Pflanzen ist beunruhigend. Sie fressen aber nur winzige Tiere.

Tipp

Venusfliegenfallen kannst du kaufen. Stochere aber nicht in der Pflanze herum, um die Falle zu schließen. Das tut ihr nicht gut.

Pech! Hier ist eine unvorsichtige Fliege in die Falle gegangen.

Haarige Falle

Die Fliegenfalle besteht aus jeweils zwei verbundenen Fangblättern, die wie die Klappen einer Muschel offen stehen. Innen sind die Blätter mit feinen Härchen bedeckt. Wenn ein Insekt diese Härchen berührt, schnappt die Falle zu und wird fest verschlossen. So entsteht eine Art Magen, in dem die Beute mit Verdauungsflüssigkeit aufgelöst wird.

Ich hab Hunger!

Die meisten Pflanzen fressen kein Fleisch – warum die Fliegenfallen? Sie leben in sumpfigem Gebiet in Nordamerika mit viel Wasser und bekommen aus dem Erdreich nicht alle Nährstoffe, die sie brauchen. Also holen sie sich die fehlenden Nährstoffe in Form von Fliegensnacks.

Kannenpflanze

Unter den verschiedenen Arten der fleischfressenden Pflanzen sind die Kannenpflanzen die hungrigsten. Mit einer genial konstruierten Falle fangen sie ihre Opfer: Sie stürzen in ein kannenähnliches, mit Verdauungsflüssigkeit gefülltes Gefäß.

Ekel-Faktor

Eine Pflanze, die eine Ratte kleinkriegt, ist schon ziemlich eklig!

Kannst du hineinfallen?

Nein – nur in Horrorfilmen, nicht aber in Wirklichkeit gibt es Kannenpflanzen, die groß genug sind, um Menschen zu fressen.

Ein Schritt weiter, und die Fliege fällt in den tödlichen Krug.

Rutschgefahr!

Anders als die Venusfliegenfalle hat die Kannenpflanze keine beweglichen Teile. Stattdessen lockt sie Insekten und andere Tiere durch süßen Nektargeruch und leuchtende Farben an. Der Kannenteil der Pflanze hat sehr glatte Kanten, von denen unvorsichtige Tiere abrutschen und ins tödliche Bad fallen. Der glitschige Rand und nach unten ausgerichtete Härchen machen einem einmal gefangenen Tier die Flucht unmöglich.

Nicht nur Fliegen

Einige Kannenpflanzen werden sehr groß und enthalten mehr als 3 Liter Flüssigkeit. Sie fangen und töten Tiere wie Frösche, große Spinnen, sogar Mäuse und Ratten.

Titanenwurz

Im Dschungel Südostasiens ist mehr als eine Stinkblume zu Hause. Neben Rafflesia gibt es noch die Titanenwurz, die ganz anders aussieht als die Rafflesia. Mit ihrem langen Stab, der aus der trompetenförmigen Blüte ragt, sieht sie aus wie eine Comic-Blume. Aber eine, die stinkt!

Ekel-Faktor

Sie riecht widerwärtig wie die Rafflesia und sieht noch seltsamer aus.

Größenwettbewerb

Mit bis zu fast 3 m Höhe ist die Titanenwurz größer als die Rafflesia. Da sie aber aus vielen Blüten besteht, gilt sie nicht als größte Blüte der Welt.

Fliegenparadies

Wie die Rafflesia benutzt die Titanenwurz ihren Gestank, um Fliegen zur Bestäubung anzulocken. Der Eindruck von verwesendem Fleisch wird noch unterstützt durch die fleischig dunkelrote Farbe.

Heizstab

Wenn die Titanenwurz blüht, erwärmt sich der Stab in der Mitte, um den ekligen Geruch noch zu verstärken.

Tipp

Obwohl die Titanenwurz eigentlich im Regenwald zu Hause ist, wird sie oft in botanischen Gärten gezogen. Wenn eine Titanenwurz kurz vor der Blüte steht, wird das für gewöhnlich in den Zeitungen angekündigt, da die Pflanze äußerst selten eine Blüte bildet. Verfolge also die Ankündigungen, wenn du selbst einmal eine Titanenwurz sehen und vor allem riechen willst.

Rafflesia

Hübsch und leuchtend bunt erfüllen Blumen euren Garten mit ihrem Duft. Diese Blume ist anders! Die Rafflesia ist eine der hässlichsten Blumen der Welt und gleichzeitig die Pflanze mit der größten Einzelblüte. Zudem stinkt sie nach verwesendem Fleisch.

Ekel-Faktor

Die Rafflesia sieht scheußlich aus und stinkt noch mal so schlimm.

Schon gewusst?

Die Menschen in Asien nennen die Rafflesia »Kadaverblume« oder »Fleischblume«.

Riech mal!

Wie andere Blumen auch, riecht die Rafflesia, wie sie riecht, um mit ihrem »Duft« Insekten anzulocken. Denn nur so wird der Pollen von einer Blume zur nächsten getragen, wodurch die Pflanzen Samen bilden und sich fortpflanzen können. Ihr Gammelfleischgeruch lockt Fliegen an, die das mögen, und den Pollen dann verbreiten.

Waldriese

Diese Blüte öffnet sich nicht über Nacht im heimischen Garten. Die Rafflesia lebt im südostasiatischen Regenwald und ernährt sich als Schmarotzer von einer Kletterpflanze. Ihre riesige Knospe und die Blüte sind alles, was du von ihr sehen kannst. Die Knospe ist größer als ein Fußball und die geöffnete Blüte hat einen Durchmesser von mehr als einem Meter.

Die fünf warzigen Blütenblätter und das merkwürdige Mittelloch einer blühenden Rafflesia

Mistkäfer

Der Mistkäfer verbringt sein Leben mit der Suche nach stinkendem, pappigem Mist. Für einen Mistkäfer bietet Tierkot gleichermaßen Nahrung und einen Platz, an dem er seine Eier ablegen kann, sodass sich seine Jungen später von den verdauten Pflanzenresten im Mist ernähren können.

Ekel-Faktor

Wir finden Tierkot eklig. Mistkäfer helfen uns, ihn loszuwerden, indem sie ihn fressen und vergraben.

Guter Job!

Mistkäfer sind für den Menschen sehr nützliche Tiere. Der Mist, den sie im Erdreich verscharren, macht den Boden fruchtbarer für Feldpflanzen.

Faszinierende Fakten

- Mistkäfer versuchen sich gegenseitig die Mistkugeln zu klauen und kämpfen darum.
- Mistkäfer rollen Dungkugeln immer in einer völlig geraden Linie weg von den anderen Käfern. So brauchen sie am wenigsten Energie dafür. Nachts orientieren sie sich mithilfe des Mondes.
- Den alten Ägyptern waren die Mistkäfer als Symbol des Sonnengottes Ra, der den Sonnenball über den Himmel rollt, heilig.

Wie das duftet!

Mistkäfer finden ihren Mist – üblicherweise von pflanzenfressenden Tieren wie Kühen – mit ihrem Geruchssinn. Oder sie warten in der Nähe von Tieren geduldig darauf, dass diese kacken.

Mistkugeln

Manche Mistkäfer leben in Kothaufen, die meisten aber formen den Mist zu Kugeln, rollen ihn weg und verbuddeln ihn. Dann legen sie Eier hinein und passen auf die Jungtiere auf, die in den Kugeln heranwachsen.

Lecker! Mistkäfer erobern einen frischen Haufen Mist.

Bombardierkäfer

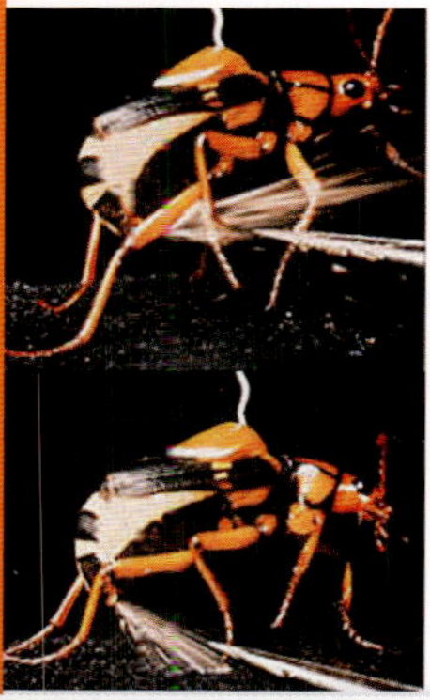

Leg dich nicht mit diesem kleinen Käfer an. Wenn er sich bedroht fühlt, richtet er seinen Hinterleib auf dich und bläst eine übel riechende, ätzende und heiße Mischung aus Flüssigkeit und Gas in deine Richtung, die deine Haut verletzen kann.

Ekel-Faktor

So ein Käfer-Gasstrahl sieht eher lustig aus als ekelhaft.

Schon gewusst?

Der Käfer schießt nicht nur einmal, sondern 500-mal oder öfter in einem Sekundenbruchteil. Währenddessen hörst du einen Knall oder ein Zischen.

Wie macht er das?

Im Körper des Käfers befinden sich zwei getrennte Kammern mit verschiedenen Chemikalien. Wenn Gefahr droht, spritzt er diese Chemikalien in eine dritte Kammer, wo sie miteinander reagieren und ein heißes Gas erzeugen, das mit Druck aus dem Hinterleib herausgeschleudert wird. Der Käfer kann sein Hinterteil zielgenau in alle Richtungen bewegen.

Wer fürchtet das Gas?

Für Menschen sind Bombardierkäfer nicht wirklich gefährlich, auch wenn deine Haut durch eine Attacke Blasen bekommen kann. Ernsthaft verletzen oder sogar töten kann das Gas kleine Fressfeinde der Käfer, wie Spinnen oder Frösche.

Tausendfüßer

Tausendfüßer haben mehr Beine als jedes andere Lebewesen. Ihre Beine wogen auf und nieder, wenn sie geschickt durch Laub und Erdreich gleiten. Obschon sie harmlos sind, finden viele Menschen ihre glänzenden, plumpen Körper mit den vielen Beinen absolut abstoßend – vor allem, wenn sie ein großes Exemplar antreffen!

Ekel-Faktor

Wie so manches Krabbelgetier erscheinen Tausendfüßer manchem furchteinflößend, sind aber harmlos.

Schon gewusst?

Die meisten Tausendfüßer haben nur zwischen 50 und 400 Beinen. Es wurde aber auch einer mit 750 gefunden.

Köstlicher Matsch

Die meiste Zeit sind Tausendfüßer damit beschäftigt, sich durch Erdreich und verrottende Pflanzen zu wühlen und dabei zu futtern. Die meisten Arten fressen keine anderen Tiere und rollen sich bei Gefahr zu einer Kugel zusammen.

Giftspritzer

Einige Tausendfüßer wehren sich aber mit einer beißenden, brennenden Flüssigkeit oder sogar giftigem Gas, wenn sie sich angegriffen fühlen. Es ist stark genug, um Fressfeinde wie Vögel zu vertreiben und auf menschlicher Haut zu brennen.

Monsterfüßer

Die meisten Tausendfüßer sind nur wenige Zentimeter lang. Eine große afrikanische Art aber kann bei einer Dicke von ungefähr deinem Daumen bis über 30 cm lang werden.

Wie fühlt es sich wohl an, wenn dieser Riesentausendfüßer über deine Hand krabbelt?

Raubwanze

Einige Raubwanzen-Arten werden nicht nur ihrem Namen gerecht, sondern sind dabei auch ziemlich widerliche Räuber: Sie injizieren anderen Insekten ein Gift, das diese von innen aufweicht, und schlürfen sie dann aus.

Ekel-Faktor

Diese Wanzen haben eine sehr unappetitliche Art, sich zu ernähren.

Auffällig gefärbte Raubwanzen auf einem Blatt im Regenwald Zentralamerikas

Tödlicher Strohhalm

Das Maul dieser Wanzen ist geformt wie ein langer, scharfer, beweglicher Strohhalm. Damit durchdringen sie den harten Panzer anderer Insekten, z. B. Käfer. Die Wanze schleicht sich an, findet manchmal sogar noch Halt am Opfer mit ihren klebrigen Füßen und sticht ihrer Beute in den Rücken.

Verflüssigt

Als Nächstes spritzt die Wanze Verdauungsflüssigkeit ins Opfer und löst es so von innen auf. Jetzt braucht sie ihre Beute nur noch auszuschlürfen und hinterlässt eine leere Hülle. Durch diese Jagdtechnik können Wanzen Tiere fressen, die viel größer sind als sie selbst.

Wanzenkuss

Natürlich sind Raubwanzen zu klein, um Menschen fressen zu können. Einige nord- und mittelamerikanische Arten aber greifen schlafende Menschen an und saugen ihnen zum Beispiel Blut aus den Lippen. Deshalb heißen sie in Amerika »Küssende Wanzen«. Nette Vorstellung!

Tipp

Bestimmte Wanzenarten in Amerika können eine ernsthafte Krankheit, die sogenannte Chagas-Krankheit (benannt nach einem Arzt), übertragen. Also: Moskitonetz nicht vergessen!

Kotbedeckter Käfer

Verschiedene Käferarten legen ein Verhalten an den Tag, das beim Menschen als absolut widerlich gelten würde: Sie schützen ihre Jungen mit einer dicken Schicht Kot vor Fressfeinden.

Ekel-Faktor

Auch wenn es eklig klingt: So ein Kotpanzer ist nicht das Schlechteste und stinkt nicht wie Hundekacke.

Funktioniert das?

Forscher haben getestet, ob die Kotdecke tatsächlich Fressfeinde abhält. Es ist so! Weder Hühner noch jagende Ameisen haben die kotbedeckten Käferlarven gefressen.

Stinkende Eier

Die Käferbabys bekommen ihre erste Schicht Kot, wenn sie noch gar nicht geschlüpft sind: Die Mutter bedeckt ihre Eier nach der Ablage sofort gründlich mit ihrem Kot. Der wird fest und schützt die Eier wie eine Muschelschale.

Kotpanzer

Wenn eine Larve schlüpft, übernimmt sie den Kothaufen von ihrem Ei und vervollständigt ihn durch ihre eigenen Exkremente – je nach Art in Form von Klecksen oder klebrigen Kotsträngen. So formt sich ein Kotpanzer, den die Forscher auch Fäkalschild nennen.

Dieses kleine Kothäufchen ist in Wirklichkeit eine Schildkäfer-Larve.

Stummelfüßer

Stummelfüßer sind bizarre, wurmartige Tiere, die in Höhlen und im Unterholz der Tropen leben. Sie sind klein, aber dank ihrer ekligen Jagd- und Fressgewohnheiten können sie es mit deutlich größeren Spinnen, Schnecken, Insekten und Würmern aufnehmen.

Ekel-Faktor

Diesen Wurm willst du nachts nicht treffen.

Autsch – zu hell!

Stummelfüßer ertragen kein helles Licht. Wenn du eine Taschenlampe auf einen richtest, flüchtet er sofort in eine dunkle Spalte.

Samtige Kriecher

Stummelfüßer ähneln Regenwürmern. Wie diese sind sie lang und glitschig und bewegen sich windend und kriechend voran. Anders als Regenwürmer haben sie aber 86 Stummelbeine. Sie sind mit feinen Borsten und Schuppen bedeckt, die sich samtig anfühlen. Sie können klein wie ein Reiskorn sein oder bis zu 15 cm lang. Unabhängig von ihrer Größe sind sie aber alle angriffslustige Jäger.

Mahlzeit!

Stummelfüßer jagen nachts. Auf der Suche nach Beute kriechen sie herum und benutzen dabei ihre hochempfindlichen Fühler als Riechorgane. Lautlos robben sie heran. Das Beutetier merkt nichts, bis sein Jäger schon direkt bei ihm ist.

Flatsch!

Der Wurm spritzt jetzt aus zwei beweglichen Kopföffnungen einen Schwall weißen, klebrigen Schleim über sein Opfer, der sofort hart wird und das Opfer festhält. Nun kann der Stummelfüßer seine Beute mit scharfen Klauen und Mundwerkzeugen zerteilen. Lecker!

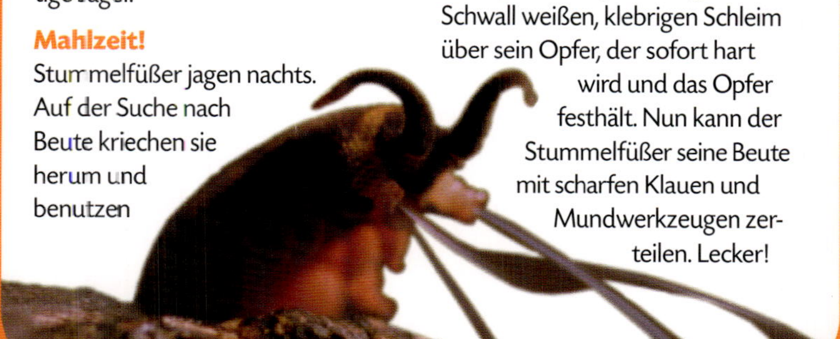

Vogelspinne

Viele Menschen fürchten und hassen Spinnen und finden sie eklig – Wissenschaftler wissen nicht wirklich, warum. Für diese Menschen jedenfalls sind Vogelspinnen als dickste, haarigste, größte Spinnen die schlimmsten.

Ekel-Faktor

Manche Menschen ekeln sich vor ihnen, weil sie haarig-gruselig sind, andere halten sie als Haustiere.

Sind sie Monster?

Obwohl sie erschreckend aussehen, sind Vogelspinnen nicht die gefährlichsten Spinnen. Ihre Bisse sind zwar unangenehm – wie Bienenstiche –, aber sie sind keine Killer. Mit ihren Opfern gehen sie allerdings abscheulich um: Mit scharfen Zähnen beißen und vergiften sie ihre Beute, um sie dann mit einer Substanz zu beträufeln, die ihren Körper verflüssigt. So können sie ihr Beutetier aufsaugen. Die Reste rollen sie zu einem kleinen Ball zusammen – nette Bräuche, oder?

Schrecklich haarig

Anhand des Vibrierens ihrer Haare kann die Vogelspinne andere Tiere orten. Viele Vogelspinnen haben auch spezielle Haare zur Abwehr von Fressfeinden, die sie manchmal sogar auf diese abwerfen. Solche Haare können kleine Tiere sogar töten. Bei Menschen verursachen sie einen unangenehmen Hautausschlag. Gefährlich sind die Haare nur, wenn du sie einatmest oder ins Auge bekommst.

Schon gewusst?

Die weltgrößte Spinne ist eine Vogelspinnen-Art: Die Goliath-Spinne hat eine Beinspannweite von bis zu 30 cm. Sie frisst kleine Vögel, Echsen, Frösche und Mäuse.

Tarantulafalke

Schlimmer als jede Vogelspinne ist der Tarantulafalke, eine Wegwespen-Art. Das Weibchen jagt Vogelspinnen und betäubt sie mit einem starken Gift. Es frisst sie aber nicht, sondern vergräbt die lebende Spinne und legt seine Eier darauf, um einen Frischfleischvorrat für die Jungen zu haben.

Ekel-Faktor

Sich durch eine lebende Spinne zu fressen, ist ziemlich eklig.

Lebend aufgefressen

Wenn die Wespenlarven schlüpfen, saugen sie zunächst Körperflüssigkeit aus der gelähmten Spinne. Später graben sie sich in den Spinnenkörper und fressen sie bei lebendigem Leib. Die Organe sparen sie bis zum Schluss auf, damit die Spinne so lang wie möglich lebt.

Andere Kost

Ausgewachsene Tarantulafalken fressen kein Fleisch, sondern Nektar und verfaulende Früchte, die manchmal Alkohol enthalten und sie betrunken und flugunfähig machen.

Größe und Stärke

Tarantulafalken sind riesig: bis zu 5 cm lang. Dennoch sind sie kleiner als ihre Opfer. Sie nehmen es mit Vogelspinnen auf, die viel größer sind als sie selbst.

Tipp

Halte Abstand von den riesigen Tarantulafalken. Ihre Stiche sind äußerst schmerzhaft.

Dasselfliege

Du denkst, Schmeiß- und Stubenfliegenmaden sind eklig? Dann kommt es jetzt noch schlimmer. Dasselfliegenmaden leben nicht in altem, verwesendem Fleisch. Sie leben nicht in Müll und nicht im Kot. Sie leben in anderen lebenden Tieren und ernähren sich von ihnen, auch von Pferden, Kühen und Menschen. Megaeklig!

Ekel-Faktor

Bei lebendigem Leib von einer Dasselfliegenmade angefressen zu werden, hat den höchsten Ekelfaktor!

Eier auf deiner Haut

Dasselfliegen versuchen ihre Eier auf der Haut ihres Wirtes (so nennt man das Tier, in das sie eindringen) abzulegen – direkt oder wie beim Menschen indirekt, indem sie Eier auf andere Insekten wie Stubenfliegen oder Mücken legen, die sie dann auf Menschenhaut zurücklassen.

Eingegraben

Sobald die Made aus dem Ei geschlüpft ist, beginnt sie sich mit hakenartigen Mundwerkzeugen unermüdlich unter die Haut zu graben. Sie ernährt sich von Blut und wird immer größer, bis sie schließlich wieder aus der Haut ausbricht, um sich zur erwachsenen Fliege zu häuten.

Eine Dasselfliegenmade, die aus ihrem gemütlichen Nest unter der Haut herausgezogen wurde.

Wie fühlt sich das an?

Die wenigsten Menschen bemerken eine Dasselfliegenmade am Anfang. Sie denken, es ist ein Mückenstich. Wenn aber die Made wächst, juckt es fürchterlich, tut weh und manchmal bewegt es sich. Auch ist ein kleines Loch in der Haut zu sehen, durch das die Made atmet.

Stubenfliege

»Mmh!« Du kommst zur Tür herein und findest auf dem Tisch ein leckeres Törtchen vor. Kannst du es essen? Warum nicht? Wenn es bei warmem Wetter unabgedeckt dort stand, könnte vor dir eine eklige Stubenfliege vorbeigekommen sein und probiert haben. Was das heißt, liest du hier …

Fliegen-Mahlzeit

Mit ihren schwammähnlichen Mündern können Stubenfliegen nur flüssige Nahrung zu sich nehmen. Also spuckt und erbricht die Fliege erst einmal auf dein Törtchen, um die Nahrung aufzuweichen. Wenn das geschafft ist, saugt sie so viel davon auf, wie es geht, und hinterlässt natürlich Spucke und Erbrochenes. Außerdem kackt sie beim Essen pausenlos auf dein Törtchen.

Krankheiten

Fliegen sammeln beim Herumbrummen alle möglichen Keime und Parasiten auf, so zum Beispiel giftige, lebensgefährliche Bakterien von rohem Fleisch oder Eier der Dasselfliege. Die verteilen sie, wo immer sie landen, und können so scheußliche Krankheiten verbreiten.

Ekel-Faktor

Nur wenige Lebewesen verderben Essen so gründlich wie Stubenfliegen.

Schmutziger Nachwuchs

Wie bei Schmeißfliegen schlüpfen aus den Stubenfliegeneiern Maden. Die Eier werden in Müll oder Tierkot abgelegt, von dem sich die Maden dann ernähren.

Tipp

Bewahre deine Lebensmittel vor allem bei warmem Wetter gut eingepackt, abgedeckt oder im Kühlschrank auf. So hältst du Fliegenausscheidungen und Keime fern.

Hier freuen sich Fliegen über ein Stück rohes Fleisch.

Schmeißfliege

Ausgewachsene Schmeißfliegen sehen überhaupt nicht eklig aus. Sie sind im Gegenteil bemerkenswert schön mit ihren in Grün und Blau metallisch schimmernden Körpern. Ihre Brut aber – die Maden – finden wir supereklig.

Ekel-Faktor

Maden mit ihren windenden Bewegungen sind völlig harmlos, können aber bei manchen Menschen Übelkeit hervorrufen.

Mordaufklärung

Rechtsmediziner können anhand der Größe der Maden im Körper eines Toten herausfinden, wie lange das Mordopfer schon tot ist.

Totes Fleisch

Schmeißfliegenweibchen orten tote Tiere durch deren Gestank und legen dann ihre Eier darin ab. Aus den Eiern werden kleine weiße, sich windende Maden, die ein bisschen wie Reiskörner aussehen. Sie ernähren sich vom verwesenden Fleisch und werden immer größer.

Auf dem Weg

Als Nächstes müssen sich die Maden verpuppen, um Fliegen zu werden. Dafür verlassen sie den verwesenden Körper und kriechen zum Verkapseln zu einem trockenen Platz. Wenn du also Maden über den Boden kriechen siehst, könnte das ein Hinweis auf eine tote Maus sein, die in der Wohnung liegt.

Maden drängen sich dicht aneinander und bilden eklige wimmelnde Haufen.

Kakerlake

Du greifst in deinem Vorratsschrank nach einem Paket Nudeln – igitt! Es wimmelt nur so von Kakerlaken. Kakerlaken sind käferartig aussehende Insekten, die wie Mäuse gern mit uns Wohnung und Essen teilen. Viele Menschen rennen vor ihnen kreischend davon. Aber müssen wir uns wirklich vor ihnen ekeln?

Krankheitsverbreiter

Tatsächlich tun Kakerlaken eklige und unangenehme Dinge. So verbreiten sie Krankheitskeime und ein starker Schabenbefall kann extrem unangenehm riechen. Das liegt an ihrem Kot und den toten Tieren. Igitt!

Schnelle Flitzer

Kakerlaken können sehr schnell laufen, das ist vielleicht ein Grund, warum viele sie so unerträglich finden. Mit bis zu 5,6 km/h flitzt die Kakerlake über deinen Boden. Wenn man berücksichtigt, wie klein sie ist, entspricht das einer Geschwindigkeit von 300 km/h für einen Menschen. Um Höchstgeschwindigkeit zu erreichen, richten sich manche Arten auf die Hinterbeine auf und laufen wie Zweibeiner.

Ekel-Faktor

Keiner liebt Kakerlaken. Aber sie belästigen dich nur, wenn du ihnen Nahrung gibst.

Tipp

Um Kakerlaken fernzuhalten, verpacke alle deine Lebensmittel gut. Wische Nahrungsreste immer weg, sodass sie bei dir nichts zu fressen finden.

Schon gewusst?

Eine Kakerlake kann mehrere Wochen lang ohne Nahrung überleben.

Schlangenbiss

Es gibt viele Arten giftiger Schlangen, deren Bisse die abscheulichsten Schwellungen, das Absterben von Gewebe (Nekrose), Blasen- und Narbenbildung bewirken können. Einige Bilder von Wunden sind so grässlich, dass wir sie nicht für dieses Buch verwenden wollten.

Ekel-Faktor

Ein Schlangenbiss kann Teile deines Körpers völlig entstellen.

Amputation

Manchmal ist an Orten fern von jedem Hospital eine Amputation von Arm oder Bein die einzige Möglichkeit, ein Bissopfer zu retten.

Die Schwarze Mamba, eine extrem gefährliche Schlange, lebt in Afrika.

Nach einem Schlangenbiss schwoll dieses Bein so an, dass es operiert werden musste.

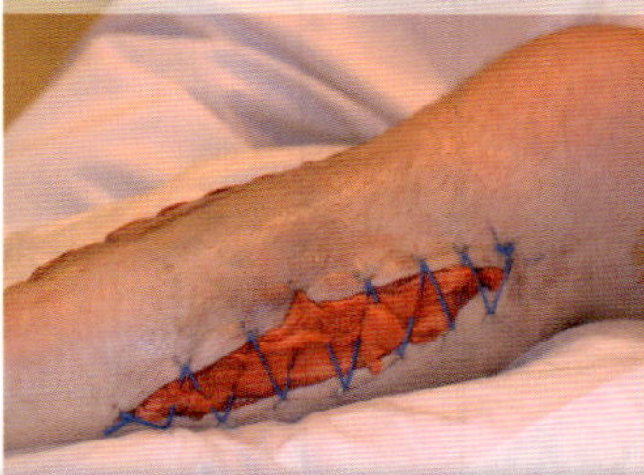

Abgestorbene Körperteile

Wie der Biss der Loxosceles lassen einige Schlangenbisse Gewebe absterben. Meist sind es Schlangen aus der Gruppe der Vipern, wie Klapperschlangen oder die Buschmeisterschlange. Sie können große, offene Wunden verursachen und eine ganze Hand oder einen ganzen Fuß absterben lassen.

Schwellung und Blasen

Mit etwas Glück kommt es nicht zur Nekrose, sondern nur zu einer schlimmen Schwellung (z. B. bis zur zweifachen Größe bei einer Hand!), die mit großen Blasen bedeckt ist.

Tipp

Wenn du eine Schlange siehst, bleib ruhig und bewege dich langsam rückwärts. Versuche nie, sie zu berühren (auch nicht mit einem Stock), sie zu ängstigen oder gar aufzuheben. Du weißt nicht, welche Art du vor dir hast!

Spinnenbiss

Keine Panik! Die meisten Spinnen beißen keine Menschen. Und wenn sie es tun, sind ihre Bisse nicht gefährlich. Nur von einigen wenigen Spinnenarten ist der Biss wirklich gefährlich, da er Haut und Gewebe beim Opfer absterben lässt.

Ekel-Faktor

Die Vorstellung, ein Teil deines Körpers könnte faulen und abfallen, ist absolut entsetzlich.

Welche Spinnen sind das?

Nur zwei Spinnen-Gattungen können diesen Nekrose genannten Gewebetod mit ihren Bissen bewirken: Arten der Gattung Loxosceles, die in Amerika und tropischen Breiten vorkommen, und die Gattung Sicarius aus Afrika. Diese Spinnen wollen dich nicht beißen, sondern wehren sich nur, falls sie gequetscht werden oder z. B. in Bettzeug gefangen sind.

Was passiert nach einem Biss?

Der Biss einer dieser gefährlichen Spinnenarten wird oft gar nicht als schlimm empfunden oder gar nicht bemerkt. Doch manchmal beginnt danach die Haut zu jucken und zu schmerzen. Bei manchen Menschen bildet sich nach und nach eine bis zu handtellergroße Wunde und das Gewebe beginnt abzusterben. Wenn die Wunde sich schließt, braucht die vollständige Heilung dennoch Monate.

Der Biss einer Loxosceles kann zu einer grässlichen Wunde führen.

Tipp

Wenn dich eine solche Spinne beißt, halte die Bissstelle sauber und abgedeckt, kühle sie mit einem Kühlpack und gehe auf jeden Fall zu einem Arzt.

Sind sie Killer?

Der Biss dieser Spinnen kann auch tödlich wirken.

Maden-Therapie

Du hast eine schlimme Wunde, die stinkt und einfach nicht heilen will. Was tut dein Arzt? Die Wunde in eine Bandage einwickeln, die mit lebenden, krabbelnden, hungrigen Maden gefüllt ist? Sicher nicht! Oder vielleicht doch ...?

Ekel-Faktor

Maden in eine Wunde zu setzen, klingt megaekelhaft, auch wenn es gut für die Gesundheit ist.

Totes Fleisch, lecker!

Maden sind Fliegennachwuchs. Einige Arten ernähren sich vom Fleisch toter Tiere, bis sie fett genug sind, um sich in erwachsene Fliegen zu verwandeln. Wenn man eine Gangrän hat (das bedeutet, dass Gewebe abstirbt), sollte man sich darüber freuen. Denn die Maden knabbern das tote Gewebe aus der Wunde und verhindern so die weitere Ausbreitung. Sie hinterlassen die Wunde sauber, sodass sie heilen kann.

Diese hungrigen Maden futtern sich durch eine Fleischmahlzeit.

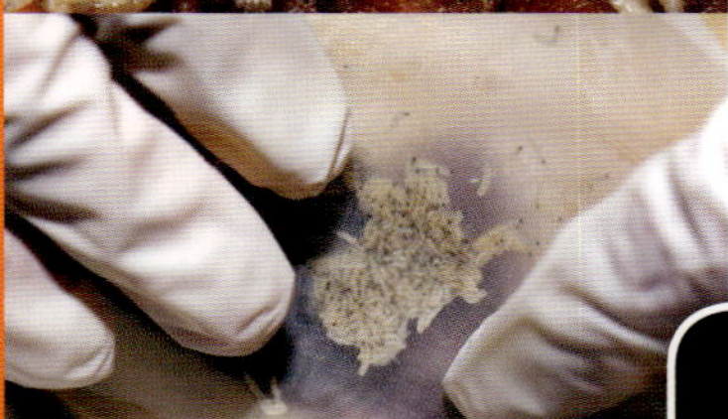

Ein Arzt legt den Spezial-Madenverband auf eine Wunde.

Medizinische Maden

Medizinische Maden werden im Labor gezüchtet, nicht von toten Tieren gesammelt. Sie sind keimfrei. Damit sie sich bewegen und atmen können, werden sie in einem Spezialbeutel aus Verbandstoff mit Luftlöchern verpackt und für einige Tage auf die Wunde gelegt.

Tut das weh?

Weil die Maden nur das tote Gewebe fressen, dürftest du nicht mehr spüren als beim Nägelschneiden. Manche Patienten beschweren sich aber, dass sie das Krabbeln und Knabbern spüren.

Schon gewusst?

Maden wurden schon in alten Zeiten zur Wundreinigung eingesetzt, seit den 1930er-Jahren auch wieder in der modernen Medizin.

Blutegel-Therapie

Vielleicht lässt dein Arzt die Maden weg, beschließt aber stattdessen, einen blutdurstigen Blutegel an dir saugen zu lassen. Immer mehr Ärzte benutzen dieses Methode.

Ekel-Faktor

Auch wenn es nur ein paar Minuten dauert: Einen Blutegel an sich saugen zu lassen, ist ganz schön eklig.

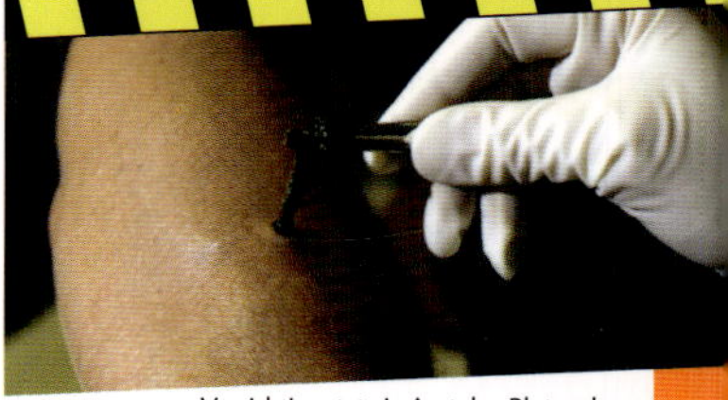

Vorsichtig setzt ein Arzt den Blutegel an die richtige Stelle.

Saugende Egel

Nur einige Arten Egel saugen Blut. Ärzte benutzen meist eine blutsaugende Art, die Medizinischer Blutegel heißt und bis zu 20 cm groß werden kann.

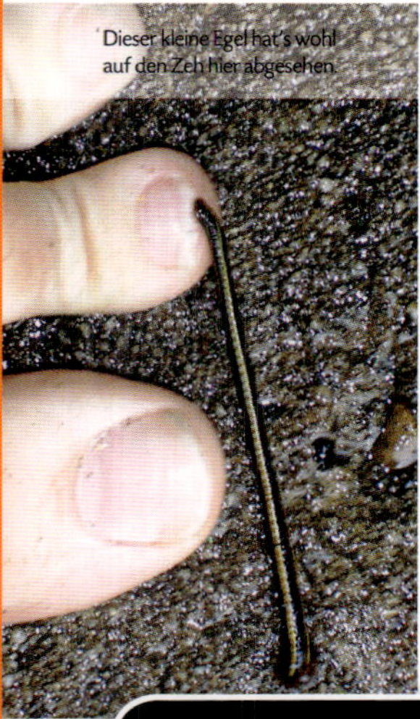

Dieser kleine Egel hat's wohl auf den Zeh hier abgesehen.

Wozu Blutegel?

Weil sie Blut saugen, können Blutegel benutzt werden, um infiziertes oder verklumptes Blut aus Wunden zu entfernen und sie so zu säubern. Ein anderer guter Grund, sie einzusetzen, ist, dass sie helfen können, den Blutfluss in angenähten Körperteilen anzuregen. Ein Blutegel kann zum Beispiel bewirken, dass in einem abgetrennten Finger, der wieder angenäht wurde, auch wieder Blut fließt.

Sammler

Früher haben Leute ihren Lebensunterhalt damit verdient, Blutegel aus Tümpeln und Sümpfen für Ärzte zu sammeln. Heute werden die Blutegel für die Medizin im Labor gezüchtet.

Käse-Bakterien

Was würdest du wohl sagen, wenn du zu einer Delikatesse aus geronnener, stinkender, Monate alter Milch eingeladen würdest, die schon Kruste angesetzt hätte und in die womöglich noch grüner Schimmel gespritzt worden wäre? Nein danke, oder? Und doch hast du Ähnliches bestimmt schon oft gegessen.

Ekel-Faktor

Entweder liebst du Käse oder du findest Käse eklig und ungenießbar!

Ist Käse eklig?

Wer an Käse gewöhnt ist, dem erscheint er normal und kein bisschen eklig. In einigen Teilen der Welt, vor allem in Asien, ist es nicht verbreitet, Milchprodukte und speziell Käse zu essen, und die Menschen bekommen davon Schwierigkeiten mit der Verdauung. Sie finden Käse, vor allem Blauschimmelkäse, oft ekelerregend. Käse ist aus Milch gemacht, die unter kontrollierten Bedingungen schlecht wird. Der starke Geruch kommt oft von Bakterien, die zugesetzt werden, um Milch in Käse zu verwandeln.

Schimmlige Adern

Die Erzeuger von Blauschimmelkäse gehen noch etwas weiter: Sie spritzen oder rühren Schimmelsporen ein, sodass sich ein schimmliges Adersystem im Käse bildet. Schimmliges Brot werfen wir sofort weg, schimmligen Käse essen wir! Der Käseschimmel ist aber im Gegensatz zum Schimmel in anderen Lebensmitteln nicht giftig.

Wie kommen wohl die Löcher in diesen Schweizer Käse?

Schon gewusst?

Die Löcher im Käse entstehen durch Gasblasen, die von Bakterien im Käse hervorgerufen werden.

Maden-Käse

Einige Käsesorten sind ekliger als andere, und der italienische Madenkäse Casu Marzu ist der widerlichste von allen: verrottend, stinkend und voller lebender Maden!

Ekel-Faktor

Ekelerregenderen Käse als diesen gibt es nicht.

Madenwimmelnder Casu Marzu: Willst du ein Butterbrot damit?

Gesetzlich verboten

Obwohl Casu Marzu mittlerweile per Gesetz verboten ist, wird er noch immer gegessen. Man lässt sogenannte Käsefliegen ihre Eier auf Schafskäse ablegen. Die schlüpfenden Maden ernähren sich von dem Käse und machen ihn faulig, flüssig und streng im Geschmack.

Lust auf Maden?

Manche Menschen essen die Maden im Käse mit. Andere stecken den Käse erst in einen Behälter, in dem die Maden keine Luft bekommen. So springen sie heraus und sterben.

Gefahr fürs Auge

Die Maden können sich zusammenrollen und dann bis zu 15 cm in die Luft springen. Deshalb schirmen die Leute beim Essen ihre Augen mit den Händen ab. Guten Appetit!

Tipp

Solltest du einmal Casu Marzu probieren wollen, achte darauf, ob die Maden noch herumkrabbeln und -springen. Wenn nicht, sind sie tot und der Käse ist schlecht und damit ungenießbar geworden.

Bandwurm

Hast du schon mal zu hören bekommen, dass du so viel isst, als ob du einen Bandwurm hättest? Das ist als Scherz gemeint, aber Bandwürmer gibt es wirklich. Sie können in deinen Eingeweiden leben und dir dein Essen wegfressen.

Ekel-Faktor

Einem so großen Parasiten eine Heimat zu bieten: wirklich abstoßend!

Larven schlucken

Bandwurmeier und -larven können sich in schmutzigem Wasser und ungekochtem Essen befinden. Wenn du sie herunterschluckst, können sie sich zu einem ausgewachsenen Bandwurm in deinem Inneren entwickeln. Der Wurm ist flach und hat kleine Haken am Kopf, mit denen er in deinen Eingeweiden Halt sucht.

Eier

Die Bandwurmeier kommen mit dem Kot heraus, wenn du die Toilette benutzt. In Ländern mit schlecht entwickeltem Abwassersystem kann verschmutztes Toilettenwasser ins Frischwasser zum Trinken und Kochen geraten. So verbreiten sich Bandwürmer schnell. Auch wenn du rohes Fleisch von einem Tier, z.B. einem Schwein, mit einem Bandwurm isst, kannst du dir einen einfangen.

Schon gewusst?

Wie widerlich: Es wurden schon Bandwürmer von 8 m Länge in Menschen entdeckt.

Dieser Bandwurm lebte in einer Hauskatze. Igitt!

Tipp

Um Bandwürmer zu vermeiden, wasche dir vor jedem Essen gründlich die Hände und meide rohes Fleisch und rohen Fisch.

Spulwurm

Ringelige Spulwürmer

Wenn wir davon sprechen, dass ein Tier oder Mensch Würmer hat, meinen wir Spulwürmer. Sie gehören zu den Fadenwürmern und sind kleiner als Bandwürmer: zwischen 1 und 25 cm. Das macht sie aber nicht weniger ekelhaft.

Ekel-Faktor

Ekelhöchstwerte gibt's für die Vorstellung eines Spulwurms, der aus einem Auge herauskommt.

Wurmbefall

Menschen können sich Würmer durch mit Spulwurmeiern verschmutztes Wasser, Essen, Erdreich oder Hände zuziehen. In deinem Körper schlüpfen dann Würmer, die in deinen Eingeweiden leben. Winzige Würmer sterben schließlich und du scheidest sie beim Klogang aus. Größere Spulwürmer aber können große Probleme bereiten.

Schlängelnde Invasion

Wenn du einen Wurmbefall hast und nichts dagegen tust, können sich die Würmer an andere Stellen deines Körpers bewegen und sich fortpflanzen, sodass du schließlich massenhaft Würmer in dir trägst. Ein Wurm könnte aus deiner Nase oder deinem Auge herauskommen oder du könntest Würmer erbrechen.

Tipp

Wasche dir nach jedem Gang zur Toilette und jedem Kontakt mit einer Babywindel die Hände!

Keine Panik!

Ärzte können dir schnell helfen, Würmer loszuwerden. Probleme treten nur auf, wenn man den Befall nicht behandelt.

Medinawurm

Stell dir vor, du müsstest über einen Monat oder länger ganz langsam einen Wurm aus deiner Haut ziehen. Das passiert, wenn du einen Medinawurm hast, und ist nicht nur eklig, sondern auch schmerzhaft.

Ekel-Faktor

Sich einen Wurm aus der Haut zu ziehen, ist unvergleichlich ekelhaft!

Tipp

Um einen Medinawurm zu entfernen, musst du ihn Tag für Tag ein bisschen weiter aus der Haut ziehen und auf ein Stäbchen aufwickeln. Das dauert Wochen und tut sehr weh.

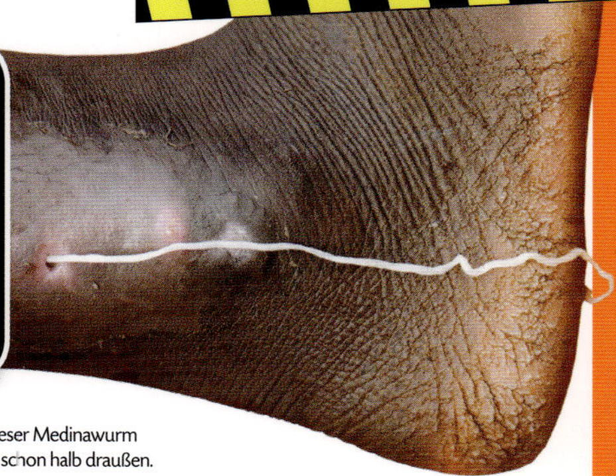

Dieser Medinawurm ist schon halb draußen.

Im Wasser

Bevor sie einen Menschen befallen, leben Medinawurm-Larven in winzigen Wasserkrebschen, die in stehendem, verschmutztem Wasser zu Hause sind. Trinkst du das Wasser, sterben die Krebschen in deinem Magen, die Medinawurm-Larven aber werden zu einem erwachsenen Wurm.

Ich muss hier raus!

In deinem Innern kann ein Medinawurm-Weibchen bis zu einem Jahr wachsen. Da es deinen Körper verlassen muss, um Eier zu legen, wandert es in Richtung Haut und verursacht dort ein schlimmes Geschwür. Du weißt, dass du ein Medinawurm-Problem hast, wenn du ein Wurmende daraus hervorschauen siehst.

Zungenfressender Krebs

Stell dir vor, ein raffinierter Parasit würde nach und nach deine Zunge fressen, um sie dann durch seinen Körper für immer zu ersetzen! Das passiert dem Schnapper, einer Fischart, wenn ein Krebs mit dem wissenschaftlichen Namen Cymothoa exigua auf ihn trifft.

Ekel-Faktor

Nicht schön, aber weit weg vom Menschen

Lecker: Zunge

Der 4 cm große Krebs mit dem Aussehen einer Assel dringt durch die Kiemen in einen Fisch ein und setzt sich auf dessen Zunge fest. Aus ihr saugt er so lange Blut, bis sie abstirbt und abfällt. Dann verankert sich der Krebs an den Muskeln und wird zur neuen »Zunge«, wo er sich von Blut und Körperflüssigkeiten des Wirtsfisches ernährt.

Auch beim Menschen?

Keine Angst, auch wenn du im Meerwasser bist! Der zungenfressende Krebs braucht Kiemen, durch die er eindringt, und die haben Menschen nicht. Er befällt vor allem die Fischart Roter Schnapper.

Mund auf! In diesem Fischmaul sitzt ein fieses Zungenmonster.

Überraschung

2005 kaufte ein Engländer einen ganzen Schnapper, um ihn zu kochen, und staunte nicht schlecht, als er im Maul einen ausgewachsenen zungenfressenden Krebs fand.

Schorf

Wenn du dich schneidest oder dir die Haut aufschürfst, macht sich dein Körper sofort an die »Reparatur«-Arbeit. Er lässt das Blut gerinnen (fest werden) und überzieht die Wunde mit einer Schutzkruste. Schorf ist nicht eklig, sondern ein Heilungszeichen. Aber Schorf abzukratzen, ist eklig.

Ekel-Faktor

Schorf ist hilfreich bei der Wundheilung, aber ihn abzukratzen und zu essen, ist eklig.

Tipp

Gegen juckenden Schorf kann auch eine Salbe aus der Apotheke helfen.

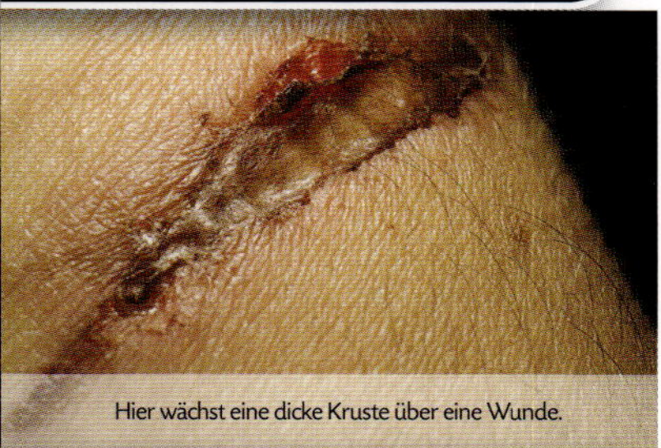

Hier wächst eine dicke Kruste über eine Wunde.

Schon gewusst?

2003 ernährte sich ein Mann, der sich zwölf Tage ohne Essen im kolumbianischen Dschungel verirrt hatte, von einer großen Schorfstelle, die sich über einer Verletzung an seinem Kinn gebildet hatte. Keine schlechte Idee in diesem Fall, aber megaeklig!

Natürliches Pflaster

Schorf ist eine natürliche Wundabdeckung. Blutzellen verbinden sich darin mit einer körpereigenen Chemikalie, die Fibrin heißt. Die Schorfkruste hält Keime fern und schützt die Wunde, bis sie verheilt ist. Dann fällt der Schorf von selbst ab, falls du ihn bis dahin nicht abgekratzt hast.

Finger weg!

Die meisten Leute geben manchmal der Versuchung nach, eine Kruste abzukratzen. Schorf juckt – weil die Wunde heilt – und verführt deshalb zum Kratzen. Lass aber lieber die Finger davon! Deine Wunde könnte sich wieder öffnen und anfangen zu bluten. Dann entsteht nur noch mehr Schorf und es könnte eine Narbe zurückbleiben. Oder Keime dringen ein, sodass sich die Wunde entzündet und alles noch schlimmer wird.

Eiter

Wenn dein Körper Eiter produziert, ist das ein sicheres Zeichen, dass Keime eingedrungen sind. Die zähe gelbe Flüssigkeit enthält spezielle Zellen, die den Kampf mit den Keimen aufnehmen.

Ekel-Faktor

Eiter wirkt vor allem deshalb abstoßend, weil er mit Krankheit und Keimen verbunden wird.

Infizierte Wunden

Du siehst Eiter vor allem in Wunden, wenn Keime hineingeraten sind. Er sieht aus wie gelbliche Mayonnaise um oder in der Wunde. Und er kann eklig käsig stinken. Eine infizierte Wunde kann auch geschwollen und rot aussehen und schrecklich wehtun.

Pickel, Eiterbeulen und Geschwüre

Manchmal finden Bakterien einen Weg unter die Haut. Das kann z. B. an einer Haarwurzel sein. Sofort sind Zellen da, die Keime vernichten, und es bildet sich Eiter. Wenn der nicht abfließen kann, baut er schmerzhaften Druck auf. Sitzt der Eiter direkt unter der Haut, bildet sich ein Pickel, der vielleicht aufgeht und den Eiter abfließen lässt. Sitzt der Eiter aber tief unter der Haut, kann man eine Eiterbeule oder ein Geschwür bekommen, das vielleicht sogar herausoperiert werden muss, weil es nicht harmlos ist. Aua!

Tipp

Eiter aus Pickeln zu drücken, ist keine gute Idee. Du könntest ihn nur tiefer in die Haut bringen und Haut beschädigen, was eine Narbe hinterlässt.

Stopp! Nicht versuchen, den Eiterpickel auszudrücken. Es wird schlimmer dadurch!

Urin

Jeder muss mehrmals täglich aufs Klo und pinkeln. Am Anfang riecht es nicht sehr unangenehm. Wenn du aber einmal älteren Urin gerochen hast, weißt du, dass er irgendwann einmal beginnt, grässlich zu stinken.

Wie rein, so raus

Wir müssen trinken, um unseren Körper mit Wasser aufzufüllen. Der menschliche Körper besteht zu 70 % aus Wasser. Urin ist überschüssige Flüssigkeit mit Abfallstoffen, die aus dem Körper gespült werden müssen.

Müllabfuhr

Dein Blut wird ständig durch zwei Organe, die Nieren, gefiltert. Nur 45 Minuten dauert es, um einmal das gesamte Blut zu reinigen. Während des Vorgangs sammeln sich Restwasser und Abfallstoffe, auch eine Substanz namens Harnstoff. Harnstoff riecht, besonders wenn er sich in andere Bestandteile aufspaltet und sich Keime darin sammeln. Deshalb stinkt Urin schlimmer, je länger er nicht weggewischt wird.

Ekel-Faktor

Es ist normal, Körperausscheidungen eklig zu finden.

Wenn Urin nicht schnell abgewaschen wird, fängt er an zu stinken.

Schon gewusst?

Wenn Urin den Körper verlässt, ist er ganz sauber und, anders als Kot, keimfrei. In der Wüste haben schon Menschen durch das Trinken von Urin überlebt, obwohl der Harnstoff, der darin enthalten ist, nicht gut für die Gesundheit ist.

Tipp

Trinke viel, dann arbeiten deine Nieren gut!

Kot

Jeder Mensch muss kacken, trotzdem finden wir Kot zutiefst widerlich. Und wir haben recht damit. Kot könnte nämlich gefährliche Krankheitskeime enthalten. Indem wir uns davon fernhalten, bleiben wir gesund.

Was ist Kot?

Kot enthält all die Reste unseres Essens, die der Körper nicht weiter verwerten kann, vor allem die Bestandteile, die er schlecht verdauen kann, wie Gemüse- und Obstschalen oder Samenhüllen. Die Reste sind mit ein wenig Wasser und Millionen von Bakterien vermengt, die natürlicherweise in unserem Darm leben. Sie verleihen dem Kot den abstoßenden Gestank. Damit er besser durch den Darm wandert, ist der Kot von Schleim umgeben.

In Bangladesch wird Kuhmist getrocknet und als Brennstoff verwendet.

Ekel-Faktor

Die meisten Menschen finden Kot extrem widerlich.

Hundekacke auf dem Bürgersteig: Vorsicht, wo du hintrittst!

Tipp

Nach jedem Klogang soll man sich die Hände waschen. Warum eigentlich? Bakterien im Kot, die in deinem Darm harmlos sind, können dich krank machen, wenn sie z. B. über verschmutzte Nahrung in deinen Magen gelangen. So kannst du auch die Krankheiten anderer Leute bekommen.

Schon gewusst?

Obwohl Kot ein Abfallprodukt ist, enthält er für einige Fliegen, Käfer und andere Insekten noch genug fressbare Inhaltsstoffe.